JUAN ARIAS

Jesús,
ese gran desconocido

Prólogo de Paulo Coelho

punto de lectura

MAEVA

Título: Jesús, ese gran desconocido
© 2002, Juan Arias
© 2002, Maeva Ediciones
© De esta edición: octubre 2002, Suma de Letras, S.L.
Barquillo, 21. 28004 Madrid (España)   www.puntodelectura.com

Primera edición en coedición Maeva, Punto de Lectura, octubre 2002.

Para contactar con el autor: arias@prosa.com.br

ISBN: 84-663-0865-2
Depósito legal: M-34.048-2002
Impreso en España – Printed in Spain

Cubierta: eñe / borrón
Diseño de colección: Ignacio Ballesteros

Impreso por Mateu Cromo, S.A.

JUAN ARIAS

Jesús,
ese gran desconocido

Para Roseana,
que me ayudó a entender mejor
el alma de Jesús de Nazaret

Prólogo de Paulo Coelho

Si Jesús no hubiese existido, ¿cómo sería hoy nuestro mundo? ¿Cómo hubiese sido el arte, la música, todo nuestro sistema de pensamiento? Pero ¿qué sabemos del hombre Jesús? ¿Qué sabemos de aquel hombre de carne y hueso, vida y sentimientos? Juan Arias sigue sus huellas, tan tenues históricamente —casi invisibles—, como aquel poema que Jesús escribió sobre el polvo de las losas del templo y que quizás sólo la mujer adúltera leyó.

El libro de Arias está hecho más de preguntas que de respuestas, ya que el interrogarse pertenece a la naturaleza del hombre, hecha de sombras, luz y tiempo. Las respuestas son bien pocas. Pero cuando pronunciamos el nombre de Jesús, ¿de qué Jesús estamos hablando? ¿Del judío de Nazaret, rodeado de los marginados de su tiempo? ¿Del judío que osó desafiar el sábado, la familia o el templo? ¿Del judío que se atrevió a rehacer a Dios? ¿Del que no tenía miedo de ser humano, de expresar sus sentimientos, de tocar y ser tocado, de escuchar la voz de las mujeres?

¿De qué Jesús estamos hablando? ¿Del hijo de Dios en nombre del cual el mundo se tiñó de sangre? ¿De verdad sabemos de qué Jesús estamos hablando?

De este personaje, a lo largo y ancho de estos veinte siglos, se han escrito millones de libros. Esta obra pretende recoger algo de todo lo que ya se ha dicho sobre ese gran desconocido a través de una investigación rigurosa y, al mismo tiempo, accesible. Su texto, siendo Juan Arias también periodista, es limpio y atrayente. Leemos fascinados hasta las hipótesis más sorprendentes e inverosímiles, así como las mil contradicciones que plantea esa enigmática figura del profeta de Nazaret.

Este libro de Arias nos obliga a reflexionar sobre algunas preguntas que no dejarán de inquietar al lector: ¿Será verdad que Jesús quiso fundar una nueva Iglesia? Si su muerte no hubiese sido atribuida a los judíos durante siglos, ¿hubiesen existido los campos de exterminio? El libro no teme abordar temas que son tabú en este campo. Así, pocas veces, en un libro sobre Jesús se habla con tanta claridad de sus raíces judías. ¿No habría querido Jesús más bien purificar simplemente la religión de Moisés de sus escorias conservadoras y elitistas? ¿No habría deseado sobre todo conducir la religión de sus padres más allá de las fronteras de lo que querían los judíos de su tiempo? ¿Y cómo era el tiempo de Jesús? Con tono poético y gran sencillez, Juan Arias nos acerca el rumor de sus pisadas.

¿Quién era Jesús, ese gran desconocido? El autor insinúa, no sin acierto, que tal vez sea esa utopía que todos llevamos dentro y que por ello entra en la aventura del tercer milenio vivo y controvertido.

Concordemos o no, la discusión vale la pena.

PAULO COELHO
Río de Janeiro, 28 de septiembre de 2000

Preámbulo

Este libro pretende ser sobre todo una crónica periodística para explicar al gran público algunas de las hipótesis —desde las más serias hasta las más peregrinas— sobre el judío de Palestina, Jesús de Nazaret, para unos el Mesías anunciado a Israel por los profetas, para algunos el Hijo de Dios, o sólo un agitador religioso y hasta un impostor para otros. Sin faltar quien haya llegado a dudar de su misma existencia. He pretendido recordar lo que se sabe históricamente de él y también lo que se ignora, que es mucho más de lo que se conoce.

No es una obra para especialistas, aunque ha sido pensada con rigor profesional, sin ánimos panfletarios y hasta con una no oculta simpatía del autor hacia aquel judío inconformista que rompió muchos tabúes de su tiempo y fue condenado a muerte de cruz por el simple pecado de haber provocado, con sus utopías libertarias, a los dos grandes poderes de su época: el religioso y el político. Es un libro con más preguntas que respuestas, con más incertidumbres que certezas. Un libro para ayudar a comprender y a pensar.

Consciente de que se trata, no de un personaje más de la historia, sino de alguien que ha condicionado profundamente las conciencias de más de mil millones de personas que creen en él y en su mensaje, no he querido, sin embargo, ocultar ninguna de las hipótesis más desconcertantes que sobre Jesús, sobre su persona y su obra se han hecho y escrito a lo largo de estos veinte siglos. Y eso por puro escrúpulo periodístico.

Sé de antemano que esta especie de crónica podrá al mismo tiempo agradar o irritar a mucha gente. Pude ya comprobarlo con un reportaje publicado sobre el tema en el suplemento dominical del diario *El País* en la Navidad de 1999. Me inundaron de cartas: desde las más rabiosas, que condenaban mi osadía al haber afirmado, entre otras cosas, que nadie sabe cuándo ni dónde nació Jesús, como tampoco la fecha de su crucifixión, ni qué hizo, o dónde estuvo durante los dieciocho años de su juventud, o quién fue realmente su padre, hasta profesores de Teología que usaron mi texto para discutirlo con sus alumnos en el seminario.

Ello se debe a que nos hallamos ante un personaje sobre el que, a pesar de saberse muy poco de él históricamente, se han construido sobre su realidad o su mito y sobre la Iglesia que fundaron sus seguidores, inmensas esperanzas y decepciones, grandes santos y grandes inquisidores. Un personaje ante el que la historia no ha sabido nunca ser indiferente ni ha podido relegarlo al olvido. Entra, por ello, vivo y controvertido en la aventura del tercer milenio.

1

Cómo Jesús condicionó dos mil años de la vida de Occidente

La gran paradoja del judío Jesús de Nazaret es que se trata de un personaje de quien apenas sabemos que existió, pero que al mismo tiempo ha condicionado como ningún otro la vida de Occidente y más allá, hasta el punto que existe un antes y un después de él. Jesús, en efecto, partió en dos la historia del mundo.

No deja de extrañar que la vida de un judío que vivió poco más de treinta años en la periferia más lejana del Imperio Romano, cuya epopeya humana prácticamente ignoraron los historiadores judíos y romanos de la época, haya podido dejar tanta huella en los últimos veinte siglos en todos los estamentos de la vida, desde la religiosa a la política, pasando por la cultural y artística, sin olvidar el influjo ejercido en la ética y en las costumbres.

Hoy no existe duda de que la historia de Occidente, y en parte del mundo entero, hubiera sido diferente sin el judío Jesús de Nazaret, a quien casi mil millones de creyentes adoran como Dios. ¿Hubiese sido igual el mundo sin él y sin todo lo que se ha construido a su alrededor de poder despótico y de santidad? Sin duda, es difícil imaginar cómo hubiesen sido estos últimos veinte siglos sin la existencia del cristianismo, en lo positivo y lo negativo que esa religión ha creado.

Podríamos hacernos algunas otras preguntas: ¿qué otra religión habría dominado en Occidente si no hubiese existido el cristianismo? ¿Cómo habríamos sido? ¿Qué visión tendríamos hoy del sexo y de la mujer? ¿Y del pecado? Sin duda, habría sido muy diferente nuestra visión de la política y de la sociedad y de una buena parte de nuestra ética y de nuestras artes.

Sin Jesús y su Iglesia, ¿qué música hubiese compuesto Bach? ¿Qué habrían pintado Miguel Ángel, o Rafael, o el Giotto, o Zurbarán, o Tiziano, y Donatello, y hasta el modernista Stanley Spencer? ¿Y el Greco, Murillo y Velázquez? ¿Y no es una pintura de Cristo una de las obras más famosas y conocidas de Dalí? Bastaría para acreditar todo esto haber visitado la exposición que sobre los diferentes retratos de Jesús organizó a primeros del 2000 la National Gallery de Londres.

Como ha subrayado el crítico de arte español Francisco Calvo Serraller, una persona que desconozca la historia de Jesús y del cristianismo visitará los grandes museos tradicionales, como el Prado de Madrid, entendiendo muy poco. Lo que demuestra hasta qué punto Jesús condicionó, por ejemplo, el arte durante siglos. ¿Y qué hubiesen escrito Dante o San Juan de la Cruz y mil otros escritores que se han inspirado en temas religiosos cristianos?

¿Hubiese escrito Saramago, el Nobel de Literatura, su obra *El Evangelio según Jesuscristo*, la más polémica, la más creativa y la que más quebraderos de cabeza le ha producido?

¿Cómo habría sido la humanidad si Jesús no hubiese existido?

Son muchas las preguntas que vienen a la mente pensando en qué habría sido diferente la historia humana en los últimos veinte siglos sin Jesús. ¿Habría existido igualmente el comunismo? ¿Habría sido igual el capitalismo sin la ética cristiano-calvinista?

Y más preguntas aún: tratad de quitar de los libros de historia las guerras de religión, las cruzadas religiosas, las inquisiciones y la expansión misionera y veréis lo que queda. Quitadle a las grandes monarquías occidentales y a sus luchas de poder el carácter cristiano y os daréis cuenta de cómo se quedarían mancas. ¿Y cómo hubiese sido el nuevo mundo de Iberoamérica si los llamados «conquistadores» no hubiesen llegado allí con la cruz junto a la espada? ¿Si en vez de llegar los cristianos imponiendo su fe a machamartillo hubiesen llegado los islámicos, los budistas o los hindúes? ¿Y el África negra?

¿Qué hubiese pasado con las culturas nativas de los pueblos conquistados por los cristianos con la cruz en la mano? ¿Se habrían conservado muchas de aquellas culturas que los conquistadores arrasaron temiendo que fueran un impedimento para abrazar la nueva fe cristiana? Baste pensar lo diferentes que son las culturas, por ejemplo, orientales, que no fueron descubiertas por los cristianos, como la India, la China o el Japón.

El mundo hubiese sido otro y distinto sin el cristianismo. Si mejor o peor es imposible saberlo. Muchas de las culturas y literaturas no hubiesen llegado hasta nosotros, ya que fueron legadas a la humanidad por el trabajo de los monjes de los monasterios cristianos. El judaísmo, por su parte, habría sido relegado a Palestina y sus raíces teológicas no se habrían hecho universales a través del filtro del cristianismo. ¿Habría existido la persecución de los judíos sin la idea que la Iglesia tuvo durante siglos, prácticamente hasta el Papa Juan XXIII, de que ellos habían sido los asesinos de Jesús?

Sé que es delicada y compleja la pregunta de si los judíos habrían sido igualmente perseguidos y llevados a los campos de exterminio sin la Iglesia Católica, pero es difícil no hacérsela. ¿Cómo habría sido la concepción de la mujer y del derecho y la imagen misma de Dios en Occidente sin la existencia del cristianismo nacido de un tronco judío?

Occidente está, en efecto, aun hoy, todo él permeado por la cultura judeo-cristiana que ha impuesto conceptos muy concretos sobre temas fundamentales de la vida, como el sentido de culpa, el concepto de pecado, el valor del sacrificio, la visión del dinero y de la sexualidad, al igual que toda la concepción sobre el cuerpo y la comida. Y también sobre la mujer.

18

El mero hecho de estar haciéndonos estas preguntas es indicativo de la importancia histórica que aquel judío, considerado un loco revolucionario en su tiempo, ha tenido en la historia después de su muerte. Imaginaos lo diferente que hubiese sido nuestra sociedad occidental sin los millones de personas que fueron formadas o influenciadas por las escuelas, colegios y universidades religiosas en todo el mundo. Grandes personajes políticos, desde guerrilleros y terroristas revolucionarios de izquierdas hasta grandes dictadores se formaron, en efecto, en colegios de religiosos.

El influjo del cristianismo en las leyes civiles de los pueblos

Pero hay más: todo lo que el cristianismo ha influenciado las leyes y el derecho en el mundo. Muchos países de Europa retardaron años la aprobación de las leyes que permitían el divorcio y el aborto por las presiones de la Iglesia. Lo mismo puede decirse de la pena de muerte, que el Vaticano aún mantiene en su último catecismo universal. Influjo en la ética y en las costumbres. ¿Quién se acuerda de las catilinarias en los púlpitos de las parroquias en las misas dominicales contra las playas y los biquinis? ¿Cuánto condicionó las costumbres la doctrina cristiana de que el acto sexual está permitido sólo si va encaminado a la procreación? ¿Y la cruzada contra los preservativos? Del mismo modo tuvo no poco influjo la doctrina social de la Iglesia creada para intentar frenar la expansión del comunismo en el mundo y la pérdida de la clase obrera.

Y dicho influjo, directa o indirectamente, ha alcanzado no sólo a Occidente, sino a todo el mundo, ya que los grandes líderes de todos los países, incluso de minoría cristiana, se han formado en las grandes universidades europeas o norteamericanas. Y el influjo del papado como política ha llegado a todos los rincones. Se vio palpable con los viajes internacionales tanto de Pablo VI como de Juan Pablo II. Al viajar como Jefes de Estado, su presencia, incluso en los países con poco influjo de la Iglesia como los islámicos o hindúes, tuvo siempre gran proyección de masas. Recuerdo, por ejemplo, la India, donde existe sólo un dos por ciento de cristianos y donde salieron a recibir a los dos Papas millones de personas. Y lo mismo en los países africanos marcadamente islámicos o animistas.

¿POR QUÉ DE TANTOS PROFETAS Y MESÍAS SÓLO JESÚS DEJÓ HUELLA?

Tanto en el tiempo de Jesús como después se pasearon por el mundo no pocos mesías y redentores, visionarios y profetas, revolucionarios religiosos, sociales o políticos. ¿Por qué ellos no dejaron huella y el rabino Jesús sí? ¿Qué dijo o hizo para que su religión acabara teniendo proyección universal tras haber nacido en un rincón desconocido del mundo? Sin contar que él, probablemente, nunca pensó en fundar ni una nueva religión ni una nueva iglesia, sino sencillamente proponer una forma distinta de vivir las relaciones de los hombres entre sí, no basada en el poder, sino en la fraternidad.

Y lo curioso es que todo ese influjo en la civilización de Occidente tuvo lugar en nombre de una persona de la que apenas se sabe si existió, si fue algo creado por una secta de judíos disidentes que necesitaban creer en la llegada del Mesías o si se ha tratado de un mito forjado por las primeras comunidades fundadas por los Apóstoles que necesitaban perpetuar la presencia en la historia de Jesús después de la derrota de su muerte en la cruz.

Sin duda, se ha tratado de la figura más poderosa, más paradójica, contradictoria y enigmática de los últimos veinte siglos, en cuyo nombre se ha perseguido y asesinado y también se han evangelizado enteros continentes. Siglos de teologías y de manipulaciones no consiguieron borrar las huellas que están detrás del personaje real.

Hay quien se pregunta si el cristianismo intenta dar respuestas a preguntas que ya nadie se hace. Pero mientras tanto su poder sigue intacto a la entrada del nuevo milenio. Mil millones de personas siguen creyendo en él, siguiendo más o menos sus preceptos, condicionando sus conciencias con las doctrinas impuestas por su Iglesia, que difícilmente sabremos nunca si él las hubiera ratificado. Y el Vaticano, por más que ha sido criticado y golpeado, sigue en pie con un formidable influjo en la política internacional que nadie se atreve a discutir.

Quien, como yo, ha vivido treinta años en Italia y ha seguido profesionalmente las vicisitudes de cinco Papas, es testigo del peso que sigue teniendo el Vaticano y su aparato no sólo en Italia, sino en muchos otros pueblos católicos del mundo, donde una palabra del Papa puede condicionar leyes importantes de un Parlamento democrático. Italia, por ejemplo, fue uno de los países que llegó con mayor retraso a la aceptación en su legislación civil del aborto y del divorcio por la tenaz oposición del Vaticano que los políticos de aquel país, de todos los colores, empezando por los comunistas, acababan acatando.

La Iglesia Católica, a pesar de sus cismas, de sus contradicciones, de la sistemática purga que hace de los teólogos que no se someten a sus normas e intentan pensar con autonomía propia, sigue viva y en pie. Como alguien ha comentado, «los Papas pasan, pero la Iglesia permanece». Ella está convencida del dogma según el cual Dios le ha dado un poder que ejercerá hasta el final de los tiempos y que nadie podrá arrebatarle. Podrán perseguirla, pero no anularla.

Y la pregunta que muchos se hacen es si esa fuerza que ha sobrevivido a todos los avatares de la historia, mientras que otras instituciones que parecían eternas se quedaron en la cuneta relegadas al olvido, tiene aún algo que ver con la remota figura de su Fundador, de quien la misma Iglesia, hoy más abierta, acepta que apenas sabe nada de cómo fue realmente, qué predicó y qué pretendía con su anuncio de un Reino nuevo para la humanidad.

Y, sin embargo, esos miles de millones de personas que siguen creyendo en la Iglesia, e incluso muchos fuera de ella, no renuncian a la curiosidad de saber algo de aquel judío nacido en una aldea de Palestina que ha quedado como oculto y difuminado entre los oropeles de una Iglesia que había empezado pobre, poniendo sus bienes en común, perseguida y martirizada, y acabó convirtiéndose de la noche a la mañana en la Iglesia y la religión del Imperio Romano.

Un imperio del que la Iglesia heredó muchos de los juegos del poder mundano convirtiéndose al mismo tiempo en la defensora de las clases dominantes. Se dificultó así en buena parte para predicar aquellas bienaventuranzas del profeta maldito que aseguraban paz a los perseguidos, la felicidad a los pobres y el consuelo a los afligidos y humillados por el poder.

Por eso no pocos, a veinte siglos de distancia, siguen preguntándose si existió aquel profeta incómodo, y, si existió, qué dijo e hizo realmente en vida y cómo se imaginaba la Iglesia por él fundada, si es que alguna vez pensó en fundarla.

2

¿Existió realmente el llamado Jesús de Nazaret o es fruto sólo de un mito?

Podría parecer una broma de mal gusto el solo hecho de plantear la duda sobre la existencia de un personaje como Jesús de Nazaret que ha condicionado la historia del mundo. Y, en efecto, durante casi dieciocho siglos nadie se planteó la duda, ya que los cuatro evangelios, considerados por la Iglesia Católica como inspirados, eran vistos como otras tantas biografías históricas de Jesús.

Los primeros interrogantes surgieron, sin embargo, cuando el historiador francés Constantin François Voney en 1791 empezó a manifestar serias dudas sobre la realidad histórica del profeta de Galilea. Le siguió unos años después, en 1794, otro historiador, también francés, Charles François Dupuis, quien igualmente puso en tela de juicio la existencia de Jesús.

Pero cuando el tema empezó a preocupar a la Iglesia —que funda su fe precisamente en la persona real, de carne y hueso, de Jesús de Nazaret y no en un mito o en superhombre o en una idea abstracta— fue a partir del siglo XVIII con la nueva ola filosófica de la Ilustración que trajo consigo la famosa crítica histórica. No existiendo prácticamente documentos de los tiempos de Jesús que acreditasen, ni por parte judía ni por parte romana, la existencia del personaje, la Iglesia fundaba toda su credibilidad en el carácter histórico de los cuatro evangelios y de los otros escritos neotestamentarios del llamado Nuevo Testamento.

Por ello, cuando llega el vendaval de la revisión del concepto de histórico del que no se salvan ni las Sagradas Escrituras, el rey se queda desnudo. Si los evangelios y demás documentos de parte cristiana no pueden ser considerados históricos, sino simplemente literarios, y si no pretendían presentar la figura histórica de Jesús, sino al Jesús tal como era visto por las primeras comunidades cristianas, la Iglesia se quedaba prácticamente sin argumentos científicos para probar que Jesús había existido, había sido crucificado y había resucitado según narraban los evangelistas.

El terremoto de la crítica histórica removió los fundamentos de los mismos especialistas bíblicos católicos y protestantes que se dan cuenta de que, en efecto, una cosa es un documento histórico y otra un documento literario que revela más que nada la fe religiosa de una comunidad. De allí fue fácil para algunos considerar que Jesús no había sido más que un mito, creado por una secta disidente del judaísmo ortodoxo que necesitaba afirmar que el Mesías había llegado ya, inventándose así la figura del profeta y rabino Jesús. Otros pensaron que lo que aconteció fue que se concibió un Dios mítico y más tarde se personificó dicha idea en un personaje que sólo había existido en la ficción y no en la realidad.

Los seguidores del mito alegan que no sólo Jesús, sino también Pablo de Tarso —que, según algunos, sería el verdadero fundador de la Iglesia Católica— fue fruto de una creación literaria de unos grupos que hicieron un cóctel de otros mitos religiosos, desde el judaico a los griegos y egipcios. Todos ellos acabaron dando razón a Voltaire, quien ya había alertado que, por lo menos, no se podía dar valor histórico a los evangelios. Y después de Voltaire hubo historiadores y filósofos que tendían a pensar que era prácticamente imposible saber nada de Jesús como personaje histórico, como A. Drews, quien en 1910 publicó su obra *El mito de Cristo*.

Incluso teólogos católicos empezaron a darse cuenta de que, por ejemplo, las Cartas de San Pablo, que serían el primer testimonio literario de Jesús, increíblemente no hablan prácticamente nada de Jesús ni demuestran el menor interés por su persona concreta. ¿Señal de que lo que interesaba era más el mito que la realidad?

La búsqueda de algún rastro histórico de Jesús

De ahí que la Iglesia se lanzara desesperadamente a buscar en los documentos históricos de la época, tanto de judíos como de romanos, algunas huellas sobre la existencia real del personaje Jesús.

Pero las primeras investigaciones fueron motivo de gran frustración, ya que, por ejemplo, el filósofo Filón de Alejandría, que sobrevivió a la muerte de Jesús, en ninguno de sus cincuenta escritos conservados cita ni una sola vez a Jesús, a pesar de que se interesa por la gran actividad de sectas y movimientos dentro del judaísmo de aquel tiempo. Y Filón conocía muy bien, por ejemplo, a Pilatos, de quien habla en sus obras. Otro historiador contemporáneo de Jesús, Justo de Tiberiades, de alguna forma paisano de Jesús, tampoco lo cita a pesar de haber escrito la historia de Palestina desde Moisés hasta setenta años después del nacimiento del profeta. A la Iglesia le resultaba difícil pensar que el verdadero motivo por el que el historiador no citaba a Jesús podía ser muy bien porque su figura y la acción de los primeros cristianos pudieron haber tenido muy poco influjo en la sociedad de aquel tiempo, no mereciendo, por tanto, el honor de la crónica.

De ahí la alegría de los católicos al descubrir que el famoso Flavio Josefo, historiador judío de finales del siglo I, era el primer historiador que sí nombraba a Jesús y a su secta. Y en dos pasajes. En el primero sólo indirectamente, hablando de la muerte por lapidación de Santiago, uno de los hermanos de Jesús. Este texto es el que suele considerarse más auténtico. Escribe Flavio Josefo: «Anás convocó a los jueces del Sanedrín y trajo ante ellos al hermano de Jesús, llamado el Cristo —su nombre era Santiago— y a algunos otros. Los acusó de haber violado la ley y los entregó para que los lapidaran».

El texto aparece en el libro *Antigüedades*, publicado unos sesenta años después de la muerte de Jesús. Aunque se refiere directamente a Santiago, hermano de Jesús, que había tenido mucho influjo en la creación de la primera comunidad judeocristiana al estar muy bien relacionado con las autoridades, da por sabido que había existido el tal Jesús, a quien sus seguidores llamaban también Cristo o Mesías.

El segunto texto se refiere explícitamente a Jesús, pero es también el más controvertido. Dice así: «Por esa época (durante el gobierno de Poncio Pilato, en el año 26-36 d.C.) vivió Jesús, un hombre sabio, si es que se le puede llamar hombre, porque realizó hechos portentosos. Maestro de hombres que aceptan con gusto la verdad, atrajo a muchos judíos y a muchos de origen griego. Era el Mesías. Cuando Pilato, tras escuchar la acusación que contra él formularon los principales de entre nosotros, lo condenó a ser crucificado, aquellos que lo habían amado al principio no dejaron de hacerlo. Porque al tercer día se les manifestó vivo de nuevo, habiendo profetizado los divinos profetas éstas y otras maravillas acerca de él. Y hasta el día de hoy no ha desaparecido la secta de los cristianos».

La pregunta que se han hecho no pocos historiadores sobre todo respecto al segundo texto de Flavio Josefo es si puede ser auténtico en su totalidad, ya que es sabido que el famoso historiador era un judío convencido, aunque voluble, quien difícilmente podría haber hecho tales elogios de aquel profeta que había luchado contra la ortodoxia judía y al que habían acabado crucificando. Y menos que pudiera creer que había resucitado.

Por eso el teólogo español Juan José Tamayo, comentando en su obra *Por eso lo mataron* el texto de Flavio, escribe: «Parece tratarse de un texto muy manipulado sobre cuya autenticidad se cierne una larga sombra de dudas». Y, en efecto, hay hasta quien llega a pensar que el texto, en su totalidad, es falso, ya que parece más bien reflejar la predicación cristiana sobre Jesús, en clave totalmente apologética, en la línea de algunos evangelios.

Existe también una versión árabe de dicho texto que ya es menos enfática y que, según algunos, podría ser el texto original. Dice así: «En este tiempo existió un hombre sabio de nombre Jesús. Su conducta era buena y era considerado virtuoso. Muchos judíos y gentes de otras naciones se convirtieron en discípulos suyos. Los que se habían convertido en sus discípulos no lo abandonaron. Relataron que se les había aparecido tres días después de su crucifixión y que estaba vivo; según esto fue quizás el Mesías del que los profetas habían contado maravillas».

Pero tampoco de esta versión árabe existe certeza de que fuera la verdadera, aunque en ella aparece que son los discípulos y no el historiador quien afirma que Jesús había resucitado. Sobre el texto de Flavio, considerado prácticamente el único de un historiador judío que habla de Jesús como de una persona real que existió durante el reinado de Poncio Pilato, se han escrito libros enteros a favor y en contra.

¿QUIÉN FUE EL HISTORIADOR JUDÍO FLAVIO JOSEFO?

Quienes niegan su autenticidad aseguran que se trata de interpolaciones de los primeros cristianos y que nunca Flavio Josefo podía haber hecho semejantes elogios de Jesús. Quienes defienden la autenticidad del texto admiten que seguramente ha habido una manipulación del escrito de Flavio —cuya conversión al cristianismo planteada para poder defender la autenticidad del texto no goza de respaldo alguno—, ya que es imposible que el historiador judío hiciese profesión de fe en la mesianidad de Jesús y menos, como se ha dicho, en su resurrección de entre los muertos.

Estos defensores del texto, que aceptan que haya habido en él manipulaciones por parte de los primeros cristianos, piensan que, sin embargo, existen elementos suficientes para pensar que en él, antes de las interpolaciones, existían motivos para asegurar que Josefo estaba hablando de Jesús como de un personaje que existió realmente. Y que hay cosas que no podían haber sido ciertamente manipuladas por ningún cristiano, como cuando habla de los seguidores de Jesús como de una «secta», cosa que un cristiano de aquel tiempo no hubiera escrito nunca.

César Vidal Manzanares, en su obra *El judeocristianismo palestino en el siglo I*, en la que defiende un substrato de autenticidad en el texto de Flavio, afirma que, en realidad, el historiador parece haber conocido bien el movimiento religioso de Jesús, el profeta inconformista, pero que quiso echar un velo sobre él explícitamente, porque no quería hablar de los movimientos revolucionarios que existían en Palestina, su país, durante el tiempo de Jesús, y también porque consideraba al cristianismo como una secta que desacreditaba al judaísmo. Pero se trata sólo de hipótesis. La realidad es que Flavio, en tantos volúmenes sobre la historia de su país que comprenden todo el período de la vida de Jesús y los primeros treinta años después de su muerte, apenas si lo cita dos veces, y aun en estos casos no se sabe si el texto es auténtico o interpolado por algún cristiano.

Pero ¿quién era el famoso historiador judío Flavio Josefo, prácticamente el único que ha dado una pista sobre la existencia real del profeta Jesús, llamado Cristo (Mesías en griego) por los primeros cristianos? Sin duda fue un personaje muy controvertido y polémico. De él conocemos mucho porque nos dejó una amplia autobiografía contando hasta los pormenores de su vida. Nació en Jerusalén hacia el 37 d.C., bajo el reinado del emperador Calígula. Formaba parte de una familia sacerdotal. Vivió tres años en el desierto con un ermitaño y era de la secta de los fariseos, a la que, según algunos, pudo incluso haber pertenecido el mismo Jesús.

Aún joven, Josefo viajó a Roma para conseguir del emperador Nerón la liberación de algunos sacerdotes judíos cautivos. Al parecer se ganó las gracias de Popea, la esposa de Nerón, quien le otorgó lo que deseaba y, además, lo colmó de regalos. Cuando estalló la guerra contra Roma en el 66 d.C., fue general de las tropas judías en Jerusalén. Acabada la contienda y hecho prisionero fue conducido ante Vespasiano. Josefo, inteligente, le hizo una profecía anunciándole su futura entronización. Dado que la profecía se cumplió y Vespasiano fue proclamado emperador, Josefo fue enseguida liberado y acabó en Roma, donde Vespasiano le regaló una preciosa villa y le otorgó una pensión vitalicia.

Lo cierto es que su obra *La guerra de los judíos* es más bien tendenciosa, y el historiador acabó en brazos de los romanos, hasta el punto que fue el emperador Tito quien ordenó la publicación de la obra. En ella se sostiene que no fueron los judíos quienes declararon la guerra a los romanos, sino un «grupo de bandoleros y tiranos». Su otra obra, *Las antigüedades*, en veinte volúmenes, es la que contiene los dos pasajes referidos a Jesús de Nazaret. Flavio la acabó cuando tenía cincuenta y seis años. Él mismo afirma que la obra tiene carácter apologético y, por tanto, contiene pocos criterios históricos, aunque pretende escribir toda la historia de Israel. La obra no iba dirigida a los judíos, sino a los griegos y a los romanos.

Hablando de Josefo, John Dominic Crossan, en su famosa obra *Jesús: vida de un campesino judío*, escribe: «La cuestión no está en que Josefo fuera prorromano y se volviera antirromano o en que fuera antijudío y luego se hiciera projudío. A su manera siempre fue prorromano y projudío a un tiempo, sin que su actitud cambiara en ningún momento. Pero lo que sí es cierto es que empezó siendo defensor de los romanos ante los judíos y acabó como defensor de los judíos ante los romanos. Por consiguiente, al leer sus obras hemos de estar siempre atentos y examinar cuidadosamente en qué punto de esta línea de cambio o de evolución se sitúa cada obra en concreto».

Shaye J. D. Cohen, en su obra *Josefo en Galilea y Roma*, escribe del historiador: «Josefo puede inventarse cosas, exagerarlas, hacer excesivo hincapié en ellas, distorsionarlas y simplificarlas; pero de vez en cuando también dice la verdad. A menudo, sin embargo, no es posible determinar cuándo hace una cosa y cuándo otra».

LOS HISTORIADORES ROMANOS IGNORAN LA EXISTENCIA DE JESÚS

Por lo que se refiere a los historiadores romanos sólo cabe destacar un escrito de Tácito, que fue pretor y cónsul nacido el 56 d.C. Este historiador, en su obra *Anales*, escrita en el año 115 d.C., es decir, unos ochenta años después de la muerte de Jesús, cuenta que Nerón acusa a los cristianos del incendio de Roma, y que los castigó para evitar que cayera la sospecha del incendio sobre él. Dice así el texto: «Nerón señaló como culpables y castigó con la crueldad más refinada a una clase de personas destacadas por sus vicios, a las que la multitud llamaba cristianos. Este nombre viene de Cristo que había sufrido la pena de muerte bajo el reinado de Tiberio, tras haber sido condenado por el procurador

Poncio Pilato. Aquella perniciosa superstición se había detenido personalmente, para volver a estallar de nuevo no sólo en Judea, donde surgió este mal, sino también en la capital misma (o sea, Roma), en la que habían confluido y encontrado gran aceptación todos los hechos horribles y vergonzosos del mundo. Así, pues, fueron arrestados los miembros confesos de la secta; después, en sus declaraciones, muchos miembros fueron convictos, no tanto del delito de incendio, sino por su odio a la raza humana. Y entregaron su vida en medio del escarnio: fueron cubiertos con pieles de animales y despedazados por perros, o atados a cadáveres e incendiados, como lámparas nocturnas, cuando caía la oscuridad. Nerón había ofrecido sus jardines para tal espectáculo y lo exhibió también en su circo, mezclándose entre la multitud con traje de auriga o subido en su carro».

Los expertos suelen dar poca credibilidad a este texto, escrito muy tarde y que se refiere más a los primeros cristianos que a las noticias que brinda sobre el Jesús histórico. Los pocos datos que ofrece sobre Jesús ya eran conocidos públicamente y pudieron simplemente haber sido recogidos de las informaciones de las primeras comunidades cristianas. Es decir, que describe más bien lo que de Jesús decían ya los cristianos, es decir, que fue crucificado bajo el reinado de Tiberio, tras la condena de Pilato. Y ningún dato más. Más interesante es su opinión sobre la primera comunidad cristiana en Roma, odiada por Nerón. Pero sobre Jesús prácticamente no dice nada.

En las fuentes rabínicas, es decir, en los documentos judíos de comentarios a las Escrituras, escritas no antes del siglo II d.C., se habla de Jesús de Nazaret, aunque, como era de esperar, de una forma más bien despectiva. Pero de alguna manera son interesantes porque indican que consideraban a Jesús como a un personaje que había existido y no como a un mito creado por alguna secta disidente judía. Lo que de Jesús se dice en las fuentes rabínicas es, sin duda, negativo, aunque se reconoce que hacía milagros, cosa que ellos llamaban «hechicerías». Se le considera como a un bastardo y a su madre como a una adúltera y a su padre como a un legionario romano llamado Pantera. He aquí algunas de dichas afirmaciones recogidas en la obra de César Vidal:

«Jesús practicó la hechicería y la seducción y llevaba a Israel por mal camino».

«La víspera de Pascua colgaron a Jesús.»

«Intentaba hacerse Dios a sí mismo, para que el mundo entero fuera por mal camino.»

«Si dice que es Dios, es un embustero y miente; dijo que marcharía y volvería finalmente. Lo dijo y no lo hizo.»

«Se burló de las palabras de los sabios.»

«Fue un transgresor de Israel, atormentado en medio de excrementos en ebullición.»

En resumen, Jesús es considerado como un farsante peligroso cuya ejecución fue bien merecida. Pero a efectos de la discusión sobre si existió o fue un mito no cabe duda de que las maliciosas alusiones a su persona resultan al mismo tiempo una prueba de que las fuentes rabínicas creían en su existencia como persona real.

HOY NADIE DUDA QUE JESÚS EXISTIÓ Y FUE CRUCIFICADO POR REBELDE

Sin duda, las pruebas históricas de la existencia de Jesús de Nazaret en fuentes de alguna manera científicas fuera del ámbito religioso-cristiano son casi inexistentes. Porque son poquísimas y porque, aun de esas pocas, la autenticidad está en entredicho. De ahí el que no haya faltado quien llegara a dudar abiertamente de que el profeta de Nazaret hubiese existido. Y, sin embargo, en las últimas décadas se puede decir que ningún analista serio, de una parte u otra, alberga dudas sobre la realidad histórica de Jesús, mandado a la muerte por Poncio Pilato y que dio lugar a un movimiento religioso que el tiempo no ha conseguido borrar.

Ha quedado descartada la teoría del mito porque todos coinciden en que la característica fundamental del cristianismo es precisamente la de ser una religión «histórica» y no «mítica». Y en cuanto al material histórico existente sobre Jesús, aun siendo mínimo, se piensa que es suficiente, dado el consenso universal existente sobre el hecho de que de un simple mito no podía haber surgido todo lo que surgió. Se piensa que, al igual que ocurre con Jesús, existen grandes personajes de la historia antigua sin que de ellos se tengan demasiados datos y nadie ha puesto nunca en duda su existencia.

Por lo que se refiere al concepto moderno de historia, que es, sin duda, mucho más severo y riguroso que el de la antigüedad, se piensa que cada momento histórico posee el suyo y que cada época ha tenido una forma de transmitirnos los hechos. Y que no podemos juzgar con los criterios modernos el método usado por los historiadores de hace dos mil años.

Claro que cuando menos riguroso es el concepto de historia y de crítica literaria, más facilidad existe de que la historia pueda estar manipulada o fantaseada. Pero, como decía un teólogo moderno y progresista, la verdad es que la historia ha estado siempre, antes y ahora, revestida de grandes mentiras y manipulaciones. La primera de ellas es que siempre fue escrita por los vencedores y nunca por los vencidos, por los varones y nunca por las mujeres.

Y en el futuro los historiadores tendrán que escribir la historia consultando los periódicos, las revistas, los noticiarios de la televisión y la misma Internet. ¿Y qué visión de los acontecimientos presentarán esos historiadores del futuro según consulten las informaciones dadas por un tipo de medios de comunicación o de otros? Sería interesante saberlo. Lo que ya es cierto desde ahora es que el concepto de histórico, ayer y hoy, es sólo una aproximación interesada y politizada a cualquier tipo de hechos, incluso a los que tenemos delante de los ojos que, como mínimo, cada uno interpretará a su modo y según lo que más le convenga psicológica, social o políticamente.

Al mismo tiempo, por mucho que queramos a veces fantasear algunas cosas de la vida, lo cierto es que la experiencia enseña que la realidad suele tener más garra que la mayor de las fantasías y que se queda pegada con fuerza a los pliegues más escondidos de la historia. Ciertos trozos de verdad suelen salir a flote del abismo mismo de las peores manipulaciones. Ese parece ser el caso de la existencia real de Jesús.

La Iglesia suele decir que para ella lo importante no son las pruebas científicas sobre la historicidad de Jesús, sino la fe en él. Y que más que el Jesús histórico lo que le interesa es el Jesús de la fe. Y hace bien, desde su punto de vista, ya que del Jesús real apenas si sabemos que nació en una aldea de Palestina llamada Nazaret y que fue crucificado bajo el Imperio de Tiberio, sobre todo por ser un revoltoso. A la Iglesia eso le basta y le sobra. Todo el resto entra en las sombras y en el misterio de la fe donde ella reina soberana y no hay lugar para la historia.

3

¿Son creíbles los evangelios?

Hemos visto que las fuentes históricas no cristianas, tanto judías como romanas, ignoran prácticamente la persona de aquel profeta de Nazaret que tanto influjo iba a tener a partir de su muerte en la historia de la humanidad. La pregunta que debe hacerse cualquier ciudadano de a pie es: ¿de dónde provienen entonces todas las informaciones tan detalladas que la Iglesia presenta de la vida y muerte del judío Jesús que dio origen al futuro cristianismo? Sin duda, de los escritos cristianos o canónicos que se encuentran en el llamado Nuevo Testamento, para distinguirlo del Antiguo Testamento, formado éste por la serie de escritos de antes del nacimiento de Jesús y que pertenecen a la religión judía. Juntos es lo que se llama la Biblia.

Del Nuevo Testamento forman parte, entre otros, los cuatro evangelios, que son los textos más conocidos por el gran público. Se atribuyen a Marcos, Mateo, Lucas y Juan. Pero, en realidad, se desconoce quién los escribió. Junto con los evangelios figuran trece cartas de San Pablo y ocho más: una dirigida a los hebreos; otra atribuida erróneamente al apóstol Santiago; dos atribuidas a Pedro —también sin fundamento, ya que en ellas aparece claro, por ejemplo, que el autor no conoció personalmente a Jesús—; tres se atribuyen al apóstol Juan, que tampoco fueron escritas por él, y la última se atribuye a San Judas Tadeo, pero también se desconoce su autor.

Asimismo, pertenecen al Nuevo Testamento los Hechos de los Apóstoles, que parecen haber sido escritos por Lucas, el mismo que escribió el tercer evangelio, y, por último, el Apocalipsis, atribuido al apóstol San Juan, pero cuyo autor desconocemos, aunque podría ser el mismo del cuarto evangelio.

¿CÓMO FUERON RECONOCIDOS LOS CUATRO EVANGELIOS DE HOY COMO INSPIRADOS?

Estos veintisiete textos son los únicos reconocidos por la Iglesia Católica como «canónicos» o fidedignos. ¿Qué quiere decir? Que existen muchos otros evangelios (más de cien) y escritos atribuidos a otros tantos personajes de las primeras comunidades cristianas que la Iglesia oficial no ha admitido como «inspirados». En realidad, se trata de escritos que, en el momento de decidir cuáles iban a ser introducidos como textos canónicos u oficiales, parecían menos fiables que los otros. Son los llamados «evangelios apócrifos», que han acabado siendo considerados, aunque inmerecidamente, como falsos. Algunos de ellos aparecen citados en los primeros Padres de la Iglesia y aun hoy siguen siendo examinados por no pocos especialistas bíblicos. La mayor parte han desaparecido o se conservan sólo fragmentos de ellos. Por supuesto que dichos evangelios recogían también las tradiciones orales de las primeras comunidades.

La historia de cómo los cuatro evangelios de Marcos, Mateo, Lucas y Juan fueron escogidos por la Iglesia como los auténticos e inspirados de entre los más de cien que entonces existían es muy curiosa. Uno de los criterios fue el de los milagros. Según la Iglesia, algunos de los prodigios de los evangelios apócrifos eran poco serios o fantasiosos. Pero hubo otros motivos para decidir que sólo los cuatro evangelios escogidos habían sido inspirados por el Espíritu Santo y los otros no.

Los cuatro fueron escogidos entre unos sesenta. San Ireneo, en el año 205, así lo explicó: «El Evangelio es la columna de la Iglesia. La Iglesia está esparcida por todo el mundo y el mundo tiene cuatro regiones y, por tanto, conviene que existan cuatro evangelios». Y también: «El Evangelio es el soplo del viento divino de la vida para los hombres, y al igual que existen cuatro puntos cardinales, también deben existir cuatro evangelios». Además «el Verbo creador del Universo reina y brilla sobre los querubines y los querubines tienen cuatro formas, y por eso el Verbo nos obsequió con cuatro evangelios». Curiosamente, los cuatro escogidos fueron aceptados por los Padres de la Iglesia sólo muy poco antes de ser declarados inspirados.

La decisión oficial fue tomada en el Concilio de Nicea del año 325 gracias a un milagro, tal como se cuenta en la obra titulada *Libelus Syndicus*. El milagro consistió en que, de todos los evangelios que existían, los cuatro que hoy conocemos como inspirados se colocaron solitos sobre el altar, tras haber ido volando hasta allí.

Otra versión cuenta que fueron colocados todos los evangelios existentes sobre el altar y que los apócrifos fueron cayendo al suelo quedando sólo los cuatro que serían escogidos como auténticos. Una tercera versión cuenta que el Espíritu Santo entró en el Concilio de Nicea en forma de paloma a través de una ventana sin que se rompiera el cristal. Allí estaban reunidos todos los obispos. La paloma se fue colocando sobre el hombro de cada obispo y le decía en voz baja al oído cuáles eran los cuatro evangelios inspirados. Y resultaron ser los de Marcos, Mateo, Lucas y Juan.

Por el hecho de ser considerados como canónicos u oficiales por la Iglesia, los libros del Nuevo Testamento gozaron durante siglos de una credibilidad absoluta, sobre todo los cuatro evangelios, que eran considerados como otras tantas biografías autorizadas de Jesús. Es decir, fueron considerados documentos «históricos». Sólo desde hace apenas dos siglos empezaron a ser vistos más que como documentos históricos, en el sentido de la historiografía moderna, como textos literarios que no pretendían contarnos lo que Jesús hizo durante su vida terrena, sino más bien, y sobre todo, lo que de aquel profeta —que predicaba una alternativa a la sociedad rígida y cerrada de su tiempo y presentaba una cara más paternal del Dios del Antiguo Testamento— pensaban y creían las primeras comunidades de cristianos.

LOS EVANGELIOS NO SON MATERIAL HISTÓRICO, SINO TEOLÓGICO

La verdad es que no le fue fácil a la Iglesia oficial aceptar de la noche a la mañana que los evangelios no eran materia histórica, sino más bien teológica. No pocos especialistas bíblicos católicos sufrieron persecuciones por haberse sumado a los partidarios de un análisis objetivo y sin falsos miedos y pudores de los textos evangélicos a la luz de los criterios modernos de la historicidad de un texto. Pero tuvo que rendirse ante los avances de la crítica literaria aplicada también a los cuatro evangelios. Estudiados bajo el prisma de lo que se considera como un documento histórico, se vio enseguida que los evangelios eran otra cosa.

Los tres primeros han sido llamados sinópticos, del griego «syn-orao», que significa «ver conjuntamente». Y eso porque colocándolos en columnas paralelas se puede seguir en los tres una misma narración con una estructura muy parecida. Sin embargo, divergen no poco a la hora de contar un mismo hecho o de referir un mismo discurso de Jesús. Por no hablar del cuarto atribuido a San Juan, que, a pesar de ser el más tardío y de haber, por tanto, conocido el autor los otros tres evangelios anteriores, sigue una línea en ocasiones muy divergente de los otros tres. Sobre estas divergencias escribe Dominic Crossan: «Las diferencias y discrepancias entre los distintos relatos y versiones no se deben principalmente al capricho de la memoria ni a las divergencias a la hora de hacer hincapié en una cosa u otra, sino a diversas interpretaciones teológicas perfectamente conscientes de la figura de Jesús».

En la narración, por ejemplo, de los hechos ocurridos durante el proceso a Jesús por parte de las autoridades judías y romanas, de su muerte y de su supuesta resurrección, existen, como muy bien ha apuntado Paul Winter en su obra *Sobre el proceso de Jesús*, más de siete versiones diferentes. Y la pregunta viene enseguida a los labios: ¿cómo es posible que de unos hechos tan importantes para los primeros cristianos que los apóstoles, que fueron testigos oculares, deberían haberles transmitido con gran exactitud, puedan existir tantas diferencias y hasta contradicciones? Precisamente porque quienes escribieron los evangelios no pretendieron hacer un trabajo de corte histórico, sino más bien teológico. Y así, cada evangelista, según los interlocutores a quienes se dirigía con su escrito, adaptó los acontecimientos —lo que no quiere decir falsearlos maliciosamente como algunos llegan a pensar— para poder defender mejor la tesis de fe teológica que deseaba transmitir.

Baste un ejemplo: las primeras comunidades cristianas, formadas aún exclusivamente por judíos que habían decidido seguir las nuevas enseñanzas de Jesús, pero sin dejar del todo su vieja religión judaica, se vieron muy atacadas por la vieja secta de los fariseos, que veían en dichas comunidades una herejía y un peligro para la ortodoxia judía. Esa animosidad de los fariseos contra los primeros cristianos condicionaría más tarde, según no pocos especialistas bíblicos, algunos pasajes de los evangelios en los que se achaca a los fariseos una casi obsesiva animosidad contra Jesús, que probablemente no existió, o por lo menos no en esa medida. Incluso se plantea la hipótesis que Jesús pudo pertenecer en un principio a la secta de los fariseos y que precisamente por ello entablaba con ellos fuertes discusiones sobre los temas de la Ley judaica, que los fariseos defendían al pie de la letra y que Jesús intentaba abrir a nuevas perspectivas universalistas.

Curiosamente, los fariseos no aparecen implicados en la condena a muerte contra Jesús. Algunos de ellos incluso invitaban a Jesús a comer en su casa. Es sólo después, al entablarse la lucha de los fariseos contra los primeros seguidores del Maestro, cuando se convierten en los grandes enemigos de los cristianos. Y eso ha quedado reflejado en los evangelios, donde se les achaca a los fariseos todo tipo de apreciaciones negativas contra Jesús. De ese modo se les hace ver a las primeras comunidades cristianas que los fariseos, por quienes eran perseguidos, habían sido ya en vida los grandes detractores del Maestro.

Una pregunta que alguien podría plantear es si los evangelios, aun no siendo verdaderas biografías de Jesús, no reflejan igualmente muchos aspectos reales de su vida, ya que tampoco son simples tratados de pura especulación teológica o mística, sino también relatos de hechos muy concretos de su vida. ¿Pudo ser todo inventado? No. En realidad, los evangelistas, aunque con un criterio de historicidad muy diferente del nuestro, piensan que están narrando en los evangelios la vida de Jesús. El autor de los *Hechos de los Apóstoles*, que podría ser el mismo Lucas del tercer evangelio, comienza diciendo a Teófilo, el destinatario de su escrito, que en su primer libro (el evangelio) trató de «todo lo que Jesús hizo y enseñó desde el principio hasta el día en que subió al cielo». Claro que no es verdad. Por ejemplo, ignora, entre otras cosas, más de dieciocho años de la vida del profeta, es decir, toda su infancia y juventud, al mismo tiempo que narra hechos reales, pero adaptándolos a las finalidades de su predicación. El problema radica en que, para los evangelistas, más importante que los hechos era la interpretación de los mismos.

No conocemos las versiones originales de los evangelios

Para entender esto mejor hay que remontarse a la época en que probablemente fueron escritos dichos evangelios. Por lo pronto, no existen de ellos sus versiones originales. El de Mateo, por ejemplo, que hoy tenemos en griego, pudo haber sido escrito antes en arameo. Y, como ya hemos dicho, se desconocen los verdaderos autores de los mismos. El nombre de evangelios ya indica que no se trataba de trazar una verdadera historia de Jesús, sino de «anunciar» a los nuevos creyentes en él una «buena noticia», que eso significa evangelio en griego.

Más antiguamente, y tal como aparece en la *Odisea*, de Homero «evangelio» significaba «el regalo que se daba al portador de una buena noticia» o «el sacrificio que se hacía en acciones de gracias por la misma». Entre los primeros cristianos evangelio significaba la Buena Nueva, con mayúscula, la Gran Noticia, es decir, el anuncio de que Jesús, el Mesías esperado por los profetas de Israel, se había hecho realidad histórica y estaba siendo anunciado por los apóstoles a los gentiles o paganos. Y sólo a partir del siglo II d.C. la palabra evangelio pasó a designar los escritos que hablaban de esta Buena nueva.

El hecho de que los cuatro evangelios, los más teológicos y los escogidos oficialmente por la Iglesia, fueran más un anuncio religioso que una narración histórica, dio pie a que surgieran los llamados evangelios «apócrifos», los cuales pretenden subsanar las lagunas de los evangelios oficiales contando hasta los detalles más pequeños, sobre todo de la infancia y juventud de Jesús, sobre la que no se dice ni una palabra en los evangelios canónicos. ¿Se trató de recoger elementos que existían en la tradición y que a los evangelistas oficiales no les parecieron importantes para su propósito teológico, o fueron simplemente inventados para sanar la curiosidad de los más curiosos? Imposible saberlo.

LAS CONTRADICCIONES DENTRO DE LOS EVANGELIOS. ¿CUÁNDO FUERON ESCRITOS?

Que las contradicciones existentes entre los diferentes evangelios al narrar hechos y dichos de

Jesús (ni siquiera la oración famosa del Padre-nuestro aparece igual, ni el importante discurso de las bienaventuranzas) preocuparon a la Iglesia desde muy pronto, lo revela el esfuerzo hecho ya a mediados del siglo II por Taciano, discípulo de San Justino, para resolverlo. Porque se le ocurrió la peregrina idea de hacer una fusión de los evangelios en una sola obra en la que ya no aparecían divergencias. La tituló *Diatessaron*. Parece que la obra se escribió en sirio entre el 170 y el 180 d.C. Después fue traducido al griego y se conoce como el evangelio «de los fundidos». Fiel a su afiliación a la secta de los gnósticos, Taciano elimina de los evangelios todas las alusiones a las acusaciones que algunos hacían a Jesús de «comilón y borracho».

Más tarde, el mismo San Agustín, preocupado por las discrepancias entre los diferentes evangelios, escribió una obra defendiendo que se trataba de discordancias más bien menores. El famoso obispo africano, convertido al cristianismo después de una vida mundana y disipada, escribe que, ante un texto bíblico que pueda parecer discrepante de la verdad, no dudaría en pensar que «o bien el manuscrito es defectuoso, o que el texto original fue mal traducido, o que yo no lo he entendido». Ello indica la preocupación que ya entonces los mismos Padres de la Iglesia tenían ante unos textos que ellos creían históricos a pies juntillas y que, precisamente por ello, no entendían cómo podían contener contradicciones o discrepancias a veces muy notables.

Pero ¿cómo y cuándo nacen los evangelios y los demás documentos contenidos en el Nuevo Testamento? En cuanto a las fechas los especialistas se han roto siempre la cabeza. Y entre ellos existen a veces discrepancias hasta de treinta y cuarenta años. Pero actualmente existe una especie de consenso de que dichos escritos oscilan entre los años 60 y 90 d.C., es decir, más bien tarde.

El evangelio atribuido a Marcos parece ser el más antiguo y podría haber sido escrito hacia el año 60. Seguramente antes del 70. ¿Significa eso que hay que considerarlo el más «histórico» o el más fiel? Los especialistas de la Biblia dicen que no. Que en modo alguno es el más histórico, ya que tiene una misión bien clara que es la de presentar a Jesús como Mesías. Todo él está centrado en la pasión de Jesús y en el tema del sufrimiento. Y eso probablemente porque lo escribió poco después de que Nerón, en el año 64, acusara a los cristianos de haber incendiado Roma y tras el martirio de Pedro y Pablo. Marcos escribe el evangelio con la finalidad de preparar a los entonces cristianos perseguidos para la segunda venida gloriosa del Mesías. Y a esa misión condiciona muchos de los hechos y dichos de Jesús narrados en su evangelio.

Se pensó que Marcos podía haber sido el intérprete y secretario de Pedro, pero esa hipótesis ha sido descartada porque aparece como alguien que no conoce bien Palestina ni los alrededores de Jerusalén, cosa insólita si hubiese convivido codo a codo con Pedro. Se piensa por ello que pueda tratarse de un cristiano anónimo, de origen pagano. Con mucha probabilidad vivió en Roma o Alejandría. En cuanto a lo que se pensó durante tanto tiempo de que Marcos usó una fuente más antigua de datos sobre Jesús que los otros sinópticos, hoy no es posible demostrarlo. Más aún, existen pasajes en los que aparece bastante claro que, por ejemplo, Lucas, el tercero de los evangelistas, que escribió después de Marcos, usó, en un tema de la pasión, una fuente más antigua que él. Me refiero al pasaje en el que Marcos afirma que el senado judío, el Sanedrín, compuesto por setenta y un miembros, se reunió en la residencia del Sumo Sacerdote durante la noche después de la prisión de Jesús, cosa que no pudo ser verdad, ya que contradice todas las informaciones de los historiadores de la época y del mismo Talmud.

En ninguno de los documentos rabínicos antiguos se encuentra una sola referencia a la reunión del Sanedrín en la residencia del Sumo Sacerdote. De hecho, en el evangelio de Lucas se dice explícitamente que el Sanedrín se reunió por la mañana y no por la noche en la Casa del Consejo Oficial. Con toda probabilidad, Lucas corrige el pasaje de Marcos basándose en una versión más antigua de los hechos. Porque, además, no son sólo los hechos concretos los que divergen, sino también el mismo vocabulario. Lo que hace decir a Winter: «Las diferencias son demasiado grandes para ser gratuitas y no pueden ser atribuidas a una simple reescritura de Marcos por parte de Lucas. El tercer evangelio tuvo que basarse, pues, en una narración de la pasión anterior a la de Marcos».

¿EXISTIÓ UN EVANGELIO DE MARCOS SECRETO ANTES DEL CANÓNICO Y UN EVANGELIO ERÓTICO?

Sin contar que hay quien defiende que existió un evangelio secreto de Marcos anterior y que fue censurado. Sobre este tema existe toda una polémica entre los especialistas. Porque hay quien cree que el Marcos secreto y más tarde censurado es posterior al canónico y oficial, y hay quien piensa al revés. Según Crossan, el Marcos secreto es anterior. Aparece mencionado en los fragmentos de una carta de Clemente de Alejandría de finales del siglo II. Esa carta fue descubierta en 1958 por Morton Smith, de la Universidad de California, en un monasterio ortodoxo ubicado entre Belén y el mar Muerto.

Existe un pasaje muy concreto en el que el Marcos secreto difiere claramente del Marcos oficial y posterior. Un texto que ha creado muchos problemas, pues hubo algunas sectas, como los carpocratianos, que lo interpretaban en clave homosexual o erótica. Por eso debió desaparecer de la versión oficial posterior. El texto es el siguiente:

«Y llegaron a Betania. Había allí una mujer, cuyo hermano había muerto. Acercándose a Jesús se arrodilló ante él y le dijo: "Hijo de David, ten misericordia de mí". Pero los discípulos la apartaron. Y Jesús, encolerizado, salió con ella al huerto, donde estaba el monumento, y enseguida se oyó un gran grito procedente de éste. Jesús se acercó y removió la piedra de la entrada del monumento. Y enseguida, entrando donde estaba el joven, extendió su mano y lo resucitó tomándolo por la mano. Levantando la vista, el joven lo amó y comenzó a pedirle que le dajara quedarse con él. Y al salir del monumento entraron en la casa del joven, que era rico. Pasados seis días, Jesús le dijo lo que tenía que hacer y por la noche el joven se vino a él, llevando un vestido de lino sobre su cuerpo desnudo. Y se quedó con él aquella noche, pues Jesús le enseñó el misterio del reino de Dios. Y después, levantándose, se volvió a la orilla del Jordán».

La idea que tienen algunos exégetas, entre ellos Crossan, es que esta versión figuraba en el Marcos secreto y que después fue censurada. Se piensa que podría ser un texto que se usaba durante el rito nudista del bautismo, de ahí el que algunos fieles le hubiesen dado una interpretación de tipo erótico, y que por ello acabó desapareciendo de la versión canónica. Aunque hay quien piensa que, más que eliminarlo, dicho texto fue diluido acá y allá en el evangelio oficial de Marcos. Por ejemplo, restos de aquel texto estarían en el curioso episodio de Marcos cuando cuenta que en el momento de detener a Jesús en el Huerto de los Olivos «todos lo abandonaron y huyeron», y que «un joven, cubierto sólo con una sábana, seguía a Jesús», y que tras haberle agarrado «soltando la sábana se escapó desnudo».

Crossan llega a defender que en tiempos de Clemente de Alejandría existían tres versiones del evangelio de Marcos: el secreto, el canónico y el erótico, y que el Marcos secreto tuvo que haber desempeñado un papel muy importante en la liturgia del bautismo, pues de lo contrario sencillamente lo hubiesen destruido. De estos y otros textos se desprende, además, que Jesús no bautizaba, sino que se limitaba a curar a los enfermos, y que el bautismo nudista no tenía por qué ser interpretado en clave homosexual como hacían algunas sectas disidentes.

Todo ello indica la riqueza de textos que hubiésemos podido hoy tener si la Iglesia, en vez de limitarse a la aprobación de sólo cuatro evangelios canónicos, hubiese respetado, sin censurarlos y sin destruirlos, tantos otros textos que las primeras comunidades cristianas usaban con la misma naturalidad que los que después fueron «canonizados», convirtiendo a los otros en heréticos que debían ser quemados. Como así fue.

EL EVANGELIO DE LUCAS PRESENTA LA COMPASIÓN DE JESÚS

El evangelio de Lucas, uno de los tres sinópticos, se piensa que fue escrito por un médico, dada la atención y la competencia que demuestra con los temas de la salud. Debió tratarse, además, de una persona de alma sensible, ya que pone de relieve todos los aspectos más humanos de Jesús. Está dedicado a hacer conocer a los gentiles, que empezaban a interesarse por la nueva religión, la bondad y la misericordia de Jesús con los pecadores y los humillados. Por eso se piensa que Lucas ya no pertenecía a la primerísima comunidad judeo-cristiana, es decir, a aquellos nuevos cristianos que derivaban directamente de los apóstoles, que eran todos judíos y cuya única preocupación, como veremos, era la de intentar conciliar el judaísmo antiguo con las nuevas doctrinas del Maestro Jesús, hasta el punto que al principio se dudaba si obligar o no a circuncidarse a los paganos que querían entrar a formar parte de la nueva secta.

El evangelio de Lucas va por otros derroteros. Intenta rescatar a Jesús más que como un judío que revisaba el judaísmo para hacerlo más universal y menos encorsetado, como un personaje nuevo. En su evangelio aparecen pasajes significativos que no están en los otros evangelistas, que se refieren, por ejemplo, a la gran libertad demostrada por Jesús con las mujeres, un estamento social que no contaba nada en aquella época. Así, la escena en la que una prostituta, mientras Jesús comía en casa de un fariseo, se echa a sus pies y los unge con el perfume de un frasco de alabastro. Jesús la defiende ante las críticas de los comensales diciéndole que le habían sido perdonados sus pecados.

Por Lucas sabemos, además, que en la comitiva de discípulos que acompañaban a Jesús durante su predicación había también «algunas mujeres a las que había curado de espíritus malignos y enfermedades». Cosa también insólita para aquel tiempo. Entre ellas cita a la Magdalena, de la que dice que había echado de su cuerpo a siete demonios. O también conocemos por él la famosa parábola del samaritano. Se considera también a Lucas como el evangelista que mejor ha puesto de relieve la necesidad de despojarse de las riquezas y de lo superfluo para poder seguir la doctrina de Jesús.

LA COLECCIÓN DE MÁS DE DOSCIENTAS FRASES ATRIBUIDAS A JESÚS (FUENTE Q)

Con toda probabilidad tanto Lucas como Mateo se sirvieron para escribir sus respectivos evangelios de la llamada Fuente Q, o Evangelio Q, que era una especie de colección de más de doscientas frases atribuidas a Jesús. Las habría pronunciado a lo largo de su vida y se habrían transmitido primero oralmente, acabando más tarde siendo puestas por escrito. Esta colección se conoció originalmente como Quelle, nombre que le dio H. J. Holtzmann en 1861 (significa fuente en alemán), y que en 1890 J. Weiss abreviaría definitivamente como Q, tal como hoy se la conoce.

Se trata de un documento muy importante que debió desaparecer tras la escritura de los evangelios de Mateo y Lucas y que tuvo que ser uno de los documentos más primitivos de la primera comunidad judeo-cristiana. La pena es que no haya llegado hasta nosotros, ya que no sabemos si los evangelistas las usaron literalmente o bien las transformaron en algunas de sus partes. Tampoco sabemos si existían frases atribuidas a Jesús que los evangelios, por motivos propios, acabaron dejando fuera y, por tanto, desapareciendo para siempre. La fuente Q parece que empezó a escribirse en arameo y se acabó escribiendo en griego, que es el texto que usan Mateo y Lucas.

EL EVANGELIO DE MATEO, QUE FASCINÓ AL CINEASTA PASOLINI

El evangelio de Mateo, que suele ser el primer texto que aparece en el Nuevo Testamento, ha sido atribuido por la tradición al apóstol Mateo, el recaudador de impuestos. Según Eusebio, Mateo predicó quince años en Palestina y, antes de ir a predicar a otras regiones, escribió su evangelio. Se calcula que fue escrito en el año 80 d.C., después del de Marcos, y tampoco existe certeza absoluta de que el autor sea el apóstol. Parece ser que existió una versión original de dicho evangelio en arameo antes de la versión griega, que es la que hoy conocemos. Está construido en parte con el evangelio de Marcos y en parte con la Fuente Q. Está dirigido a un público de ambiente judeo-cristiano. Revela la preocupación de que los cristianos de origen judío empezaban a disminuir, mientras aumentaban los de origen pagano, cosa que iba a romper los equilibrios hasta entonces existentes.

Los apóstoles son presentados aureolados de una gran dignidad, seguramente para dar importancia al cristianismo más primitivo, basado en los apóstoles, que eran todos judíos. En este evangelio prevalece la idea de que el cristianismo propone una justicia superior a la del Antiguo Testamento y más limpia que la de los escribas y fariseos, que habían reducido la religión judaica a mero formulismo. En realidad, Mateo intenta presentar la nueva doctrina de Jesús como el perfeccionamiento de la Ley de Moisés y de los profetas, que podría resumirse en los dos mandamientos fundamentales de amor a Dios y amor al prójimo.

Según este evangelio, Jesús enseñó con autoridad, era el Mesías anunciado y esperado y traía la salvación para todos. Fue éste el evangelio que tanto fascinó al cineasta italiano Pier Paolo Pasolini, quien, a pesar de ser ateo, quiso llevarlo al cine realizando una de sus mejores obras. En aquel film Pasolini quiso que el personaje de María fuera representado por su propia madre. La película nació de un desafío que Giovanni Rossi, el sacerdote iluminado y fundador de la Pro-Civitate Christiana de Asís, en Italia, le hiciera al cineasta comunista. Le ofreció hospitalidad en su comunidad animándolo a leer los evangelios. Pasolini aceptó el reto. Estuvo tres días dedicado a aquella lectura y cuando salió se fue derecho a rodar *El Evangelio según Mateo*.

Para darse cuenta de la relación que existe entre los tres evangelios sinópticos se puede recordar que hay trescientos cuarenta pasajes comunes con Lucas y Mateo, ciento setenta y cinco comunes con Mateo y cincuenta con Lucas. El evangelio de Mateo contiene mil setenta versículos: unos trescientos treinta propios, unos trescientos cincuenta comunes con Marcos y Lucas, unos ciento sententa y cinco comunes con Marcos y unos doscientos treinta y cinco comunes con Lucas. Y Lucas contiene

57

mil ciento cincuenta y ocho versículos: quinientos cuarenta y uno propios, unos trescientos treinta y cinco comunes con Mateo y Marcos, unos ciento setenta y cinco comunes con Mateo y unos cincuenta con Marcos.

EL EVANGELIO DE JUAN O EL EVANGELIO DEL «VERBO»

El último de los evangelios, escrito hacia los años 90 d.C., es el de Juan, que fue falsamente atribuido al llamado «discípulo amado», el único de los doce que no se sabe que estuviera casado. Modernamente, sin embargo, algunos autores, como César Vidal, tienden a defender la tesis de que fue escrito por el apóstol Juan. Se funda en el hecho de que el evangelista aparece como testigo ocular de algunos hechos y cuya lengua era el arameo, aunque escribía en griego correcto.

César Vidal afirma que, aun en el caso en que no fuera Juan el apóstol, tuvo que tratarse de un discípulo muy cercano a Jesús. Pero, en verdad, no se conoce con certeza quién es el autor de ese evangelio, que es el más diferente de todos los otros. Pudo ser escrito por el mismo autor que escribió el Apocalipsis. Es un evangelio que no sigue la línea de los tres sinópticos. Es como un evangelio aparte que arranca con el problema filosófico-teológico de que antes que nada existió la Palabra, que era Dios. Ha sido llamado el «evangelio espiritual». Es el menos histórico de todos. Más que discursos de Jesús lo que presenta son discursos sobre Jesús. Lo poco que hay de narrativo en él es sobre todo en función de su tesis teológica. En este evangelio se advierten no pocas influencias de la secta de los gnósticos.

EL SUBSTRATO HISTÓRICO DE LOS EVANGELIOS

Pero si los cuatro evangelios no son otras tantas biografías de Jesús de Nazaret, y, por tanto, no pueden ser considerados como documentos históricos, no cabe duda de que sólo a través de ellos tenemos algunas noticias sobre la vida y la personalidad del profeta judío, sobre todo en lo que se refiere a su vida pública.

Todos los autores modernos coinciden en que en ellos ha quedado, a pesar de todas las manipulaciones teológicas que han sufrido, el substrato de una primera tradición oral que fue pasando de unos discípulos a otros, ya que parece extraño que los primeros cristianos que conocieron a los apóstoles directamente no se interesaran en saber quién había sido Jesús en su vida concreta. Seguramente muchas de aquellas informaciones fueron pasando de padre a hijos antes de plasmarse en los evangelios, y eran objeto de las predicaciones de los primeros cristianos.

Aunque los expertos están también de acuerdo en que es prácticamente imposible saber con rigor cuáles de los hechos y de los dichos que de Jesús nos refieren los evangelios pueden atribuírsele, dada la cantidad de filtros por los que transcurrieron en los años que pasaron antes de ponerse por escrito. Ahí cada uno de los especialistas bíblicos hace sus hipótesis para intentar extraer de dichos evangelios lo que de auténtico haya podido permanecer en ellos. Y aun respecto de aquellos hechos o dichos sobre los que existe un consenso de historicidad nunca podremos saber hasta qué punto lo fueron con fidelidad absoluta, dadas las discrepancias existentes entre los diferentes evangelistas que las narran.

Si los evangelios, que durante dieciocho siglos fueron considerados auténticas biografías históricas de Jesús, son más bien textos literarios que reflejan la fe de los primeros cristianos, los otros libros del Nuevo Testamento, desde las Cartas al Apocalipsis, pasando por los Hechos de los Apóstoles, contienen aún menos material histórico. Su función es reflejar la actividad misionera de los primeros discípulos y las polémicas que empezaban a surgir entre las primeras comunidades cristianas al tener que presentar su nueva fe a los nuevos pueblos, fuera de Israel y del judaísmo.

De ahí el que los expertos acostumbren a decir que, en realidad, no existe sólo un Jesús histórico, sino muchos, tantos cuantos nos han dejado algún trozo de su retrato retocado a lo largo de los dos primeros siglos después de su muerte.

4

Lo que se sabe realmente
de Jesús

Siempre se ha dicho que de Jesús de Nazaret apenas si se sabe que nació en Palestina y que murió en Jerusalén crucificado. Pero conocemos algunas pocas cosas más de su vida, aunque, sin duda, es mucho más lo que se ignora que lo que se sabe, puesto que aun lo que oficialmente se da como cierto goza sólo de un cierto grado de probabilidad, nunca de certeza absoluta.

Lo que se da por seguro está tomado, como ya hemos indicado, de los evangelios, sobre todo de los de Mateo, Marcos y Lucas, pero también del de Juan, los cuales, aunque son más bien textos literarios y teológicos, han dejado también algunos rastros de la vida y de los dichos del profeta judío. Curiosamente, algunos hechos de la vida de Jesús, que han inspirado no pocas obras de arte y están en el imaginario colectivo de la gente, no son de los evangelios oficiales, sino de los llamados «apócrifos».

Por eso, empezando por su nacimiento, lo que se sabe de Jesús o pertenece a los pasajes de los evangelios canónicos considerados menos fiables, o a los apócrifos. Así, no sabemos realmente ni el año, ni el día, ni el lugar donde María, su madre, lo dio a luz. En cuanto al año parece ser que fue durante el reinado de Herodes y, por tanto, antes del año cero de la era cristiana, ya que Herodes murió el año 4 a.C., y por tanto el monje Dionisio el Exiguo, en el siglo IV, al cambiar el calendario de entonces para hacerlo empezar con el nacimiento de Cristo, se equivocó por lo menos en cuatro años.

Sin duda, Jesús no nació el 25 de diciembre y probablemente ni siquiera en invierno, ya que si creemos en el relato de Lucas los pastores tenían sus rebaños al abierto, lo que hubiese sido imposible en el frío de diciembre. Ningún evangelista habla de dicha fecha, a pesar de que es ese día cuando se celebra la Navidad en todo el mundo cristiano. Y es que, teniendo la Iglesia que escoger una fecha, se decidió por la que era la festividad del Sol, que coincidía con la del nacimiento del dios pagano Mitra. Y hoy todo hace pensar que no nació en Belén, como afirman los evangelios de Mateo y Lucas (Marcos y Juan ni mencionan su nacimiento), sino en Nazaret.

Según especialistas bíblicos modernos, como Antonio Piñero, la noticia de que Jesús nació en Belén se debe a la intención de hacer coincidir el nacimiento del Mesías con la profecía del profeta Miqueas, tal como se puede leer en la Biblia. Dice así: «Y tú, Belén Éfreta, la más pequeña entre los clanes de Judá, de ti me saldrá el que ha de reinar en Israel», un texto que precisamente cita Mateo al narrar el episodio del nacimiento.

A partir de ahí Mateo y Lucas construyen el relato del nacimiento en Belén. Pero con muchas diferencias. Mateo habla de las iras del rey Herodes, que ordena la matanza de los inocentes, cosa que ignora Lucas. Al revés, Lucas habla de un decreto de César Augusto para empadronarse, que sería lo que habría llevado a los padres de Jesús a trasladarse a Belén, cosa que ignora Mateo. Y, de hecho, parece ser que nada prueba históricamente la existencia de dicho censo en aquel tiempo y en aquel lugar. Lo afirma rotundamente Crossan: «Nunca se celebró un censo general en tiempos de Augusto». Además, el censo se realizaba con fines fiscales, y empadronar a la gente en un lugar que no fuera el de su trabajo habría supuesto una verdadera pesadilla para la burocracia.

Lo más seguro es que Jesús nació en Nazaret. De hecho, en los evangelios jamás se le llama «Jesús de Belén», sino «Jesús de Nazaret», que era como se solía nombrar a las personas, es decir, por el lugar de nacimiento o por el nombre del padre. En este caso hubiese sido «Jesús de José», pero nunca se le nombra así, probablemente porque, como se sabe, los evangelistas nunca dieron importancia a San José, a quien pintan más bien como viejo, dada la importancia concedida a la virginidad de María antes y después del parto. Curiosamente, el padre de Jesús es el gran desconocido en los evangelios y en toda la tradición cristiana. Quizás por eso existen tantas leyendas extraoficiales sobre su persona.

Incluso en los evangelios las huellas de Jesús se pierden enseguida después de su nacimiento, apareciendo de nuevo sólo unos treinta años más tarde para dar comienzo a su vida pública. Hay sólo un episodio de él como muchacho, cuando a los doce años se separa de sus padres en una visita al Templo de Jerusalén y lo encuentran a los tres días sentado en medio de los doctores de la ley discutiendo con ellos. Es la escena en la que Jesús les reprocha a sus padres el que lo hubiesen buscado. Un relato mucho más de contenido apologético y teológico que histórico.

La verdad es que de la infancia de Jesús y de su juventud hablan sólo los evangelios apócrifos. ¿Qué hizo durante esos más de veinte años? Nadie lo sabe. Existen sólo hipótesis, hasta las más absurdas.

¿Tuvo Jesús hermanos y hermanas?

¿Tuvo Jesús hermanos? ¿Formó una familia propia? Muy poco sabemos. Lo único que parece cierto es que tuvo por lo menos cuatro hermanos: Santiago, José, Judas y Simón, como aparece en el evangelio de Marcos. Y también algunas hermanas, de las que no se mencionan los nombres, probablemente porque en aquel tiempo la mujer y, por tanto, las hermanas no contaban casi nada en la vida familiar y social.

A pesar de ser uno de los evangelistas canónicos el que menciona a los hermanos y hermanas de Jesús, la Iglesia Católica nunca pudo aceptar esa hipótesis al predicar que María fue virgen antes y después del nacimiento de Jesús. Para obviar ese escollo, mientras los protestantes admiten el texto literal y no hacen problemas de que Jesús tuviera hermanos, los católicos lo han explicado diciendo que el evangelista Marcos se estaba refiriendo a los «primos» de Jesús y no a los hermanos. Pero, como es sabido, en griego, la lengua en la que está escrito ese evangelio, habla claramente de hermanos y no de primos. Otra hipótesis que se ha barajado para evitar decir que María tuvo otros hijos es que se trata de hermanastros, es decir, de hijos de un anterior matrimonio de José, su padre, que sería viudo.

La Iglesia Católica ha tenido siempre muchos problemas sobre este tema con los protestantes. Y hoy son ya muchos los especialistas bíblicos católicos que explican de una manera simbólica el hecho de la virginidad de la madre de Jesús. Ellos piensan que el profeta de Nazaret nació de una mujer normal, como todos los humanos. Y que el tema del parto virginal es antiquísimo. Se halla en muchas religiones muy anteriores a Jesús. Según los historiadores de las religiones, el nacer de una madre virgen significaba, en la antigüedad, que el nacido iba a ser un personaje importante en el mundo. De ahí que los evangelistas, teniendo que anunciar a los primeros cristianos que Jesús era el Mesías prometido por los profetas al pueblo de Israel, lo explicaran diciendo que había nacido de una mujer virgen.

¿Trabajó como carpintero o como peón de albañil?

Sobre una posible profesión de Jesús durante los llamados «años oscuros» de su vida oculta se hace en los evangelios sólo una alusión a que trabajaba en el mismo oficio de su padre, del que no se sabe si era carpintero u obrero de la construcción. En ambas hipótesis se trataba, en aquel tiempo, de un trabajo inferior, de pobres, ya que los ricos no necesitaban trabajar con sus manos, pues dichos trabajos se los hacían los esclavos. Se excluye también la hipótesis de que Jesús fuera de familia davídica o real. Procedía más bien de una familia muy pobre que vivía en Nazaret, una especie de aldea tan sin importancia que no aparece en ninguno de los mapas de aquel tiempo. Quizás por ello los contrincantes de Jesús solían preguntarse si de Nazaret podía salir algo bueno.

En el Antiguo Testamento aparece una lista de las ciudades de la tribu de Zabulón, pero nunca aparece mencionada Nazaret. Y el historiador Flavio Josefo, que era el responsable de las actividades militares en aquella zona durante la guerra de los judíos, cita cuarenta y cinco ciudades de Galilea, pero no aparece Nazaret. Y, por lo que se refiere al Talmud, el texto rabínico, se hace mención en él a sesenta y cinco ciudades galileas y tampoco aparece citada Nazaret.

De los textos literarios hebreos escritos hace mil quinientos años no se puede, pues, saber nada de Nazaret. La primera alusión histórica a la ciudad natal de Jesús aparece, según documenta Crossan, en una inscripción fragmentaria grabada sobre una lastra de mármol gris oscuro, procedente de Cesarea, descubierta en agosto de 1962 y que podría datar del siglo III o IV d.C. En el texto se lee: «La decimoctava clase sacerdotal (llamada) Happisés (establecida) Nazaret».

La arqueología, sin embargo, ha proporcionado recientemente más noticias sobre aquella aldea minúscula de Nazaret. Parece ser que la época de su fundación fue hacia el siglo II a.C. O sea, que en el tiempo en que nació Jesús el poblado no tenía más de doscientos años. La aldea, situada a una altura de más de trescientos metros y con una sola fuente antigua, vivía de la agricultura. Pero aun siendo sólo una aldea estaba a cinco kilómetros de una ciudad importante como era Séforis. Por ello hay quien piensa que no estaba tan aislada como se podría pensar, y que Jesús pudo tener de joven contactos con otras ciudades mayores y con gentes diferentes a las de su aldea.

¿SABÍA JESÚS LEER Y ESCRIBIR?

Tampoco sabemos nada de la formación intelectual que tuvo Jesús, aunque todo hace pensar que, sin duda, sabía leer y escribir. En verdad no nos dejó nada escrito, pero conocemos el episodio de la mujer adúltera, cuando escribe con su dedo sobre el polvo de las losas del Templo de Jerusalén. Es la única vez que sabemos que Jesús escribió algo en su vida.

Sin duda, poseía una buena formación intelectual para su tiempo. Sobre todo conocía muy bien las Escrituras y la literatura rabínica. Por eso podía discutir con los sacerdotes del templo, los fariseos y los saduceos sobre la interpretación de la Biblia, incluso llegando a provocarles en las interpretaciones de la Ley.

Su lengua materna era un dialecto del arameo hablado en Nazaret, que hace sólo unos años que conocemos gracias al descubrimiento en la Biblioteca Vaticana de un manuscrito escrito en dicho dialecto que se había perdido durante siglos y que era lo único que nos había llegado hasta nosotros de aquel dialecto. Era el que hablaba también el apóstol Pedro. De hecho, durante la noche de la Pasión unos soldados lo acusan de ser uno de sus discípulos. Pedro, por miedo a que lo apresaran, lo niega, y los soldados le dicen que «habla igual que él», es decir, como Jesús.

Sin duda, conocía también el arameo y el hebreo, y es posible que hasta un poco de griego y de latín. Pero con certeza no lo sabemos. Y una de las hipótesis que han siempre barajado no pocos historiadores cristianos es que parece difícil que Jesús, que estaba llamado a tener un papel tan relevante entre los judíos de su tiempo, aun sin ser sacerdote, ni rabino oficial, hubiese pasado más de veinte años sólo trabajando, sin leer y sin estudiar. Por ello no falta quien llega a pensar que durante esos años pudo haber viajado fuera de Palestina. Sólo así se explicaría el que mostrara una mente tan abierta, haciendo sospechar que había estado en contacto con otras religiones y filosofías de su tiempo, e incluso que hubiese sido iniciado en las artes de la Magia de Egipto.

¿ESTUVO CASADO?

Del tiempo de su vida pública, que es de la única que hablan los evangelistas, no sabemos con certeza cuánto duró. Según los evangelios sinópticos (Mateo, Marcos y Lucas), duró sólo un año y enseguida lo crucificaron. Según el cuarto evangelio, el de Juan, se prolongó durante tres años, ya que habla de tres fiestas de Pascua transcurridas con los discípulos. ¿Cómo puede explicarse una diferencia tan grande? Eso forma parte de lo poco que preocupaban a los evangelistas las precisiones de tiempo y de lugar. Para ellos lo importante era lo que Jesús había predicado.

Sobre la relación de Jesús con las mujeres hablamos en otro capítulo de este libro. Lo que sabemos como seguro es que Jesús siempre defendió a las prostitutas contra los puritanos, y que rompió todos los esquemas y tabúes en sus relaciones con la mujer, un ser que no contaba nada en su tiempo. ¿Estuvo Jesús alguna vez casado? Y si no lo estuvo ¿cómo se explica, dado que era algo insólito entre los judíos el que un hombre no formara una familia para poder tener descendencia? ¿Es verdad que hizo milagros? ¿Que poseía poderes especiales? ¿Que su acción misionera y profética creaba irritación entre la élites religiosas y políticas de su tiempo?

Una de las cosas que parecen más seguras es que la gente humilde le seguía con cariño y admiración, ya que se había corrido la voz enseguida de que aquel profeta excéntrico decía que se podía trabajar en sábado, el día sagrado de los judíos, curaba a todos los que sufrían de alguna enfermedad, y hasta resucitaba a los muertos. ¿Es verdad que él se consideraba el Mesías prometido? ¿Se consideró alguna vez como Dios? Sobre estos dos últimos interrogantes han corrido ríos de tinta.

¿Cómo era Jesús físicamente?

Se ha dicho que el Jesús de los cristianos es un hombre sin rostro. Los primeros cristianos, influenciados por su origen judío, no tenían imágenes ni pinturas de Jesús. Estaba prohibido reproducir su rostro. Como se puede observar en las catacumbas de Roma, donde se escondían los apóstoles y primeros cristianos para huir de las persecuciones de los romanos, a Jesús se le representaba por símbolos: como un pez, un cordero o un pastor sobre todo. Nunca con imágenes.

Sin embargo, las primeras pinturas de Cristo no salieron de la fantasía de algún artista, sino de algunas reliquias en las que se habría conservado el rostro del profeta de Nazaret, sobre todo en la hora de su muerte. Fundamentalmente de la imagen que quedó impresa en la famosa Sábana Santa de Turín y en la Santa Faz, el paño con el que la Verónica habría enjugado piadosamente el rostro de

Jesús camino del Gólgota. De ésas la más importante es, sin duda, la Sábana Santa, que se conserva en la catedral de Turín, en Italia. Es un lienzo de 4,36 metros por 1,1. Presenta dos imágenes del mismo hombre, de tamaño natural, una de cara y otra de espaldas. Aquel hombre, que tiene las marcas de los crucificados, mide 1,81 de altura y debía pesar unos 77 kilos. Tiene bigotes y barba larga. Y en lo que parecen hematomas o manchas de sangre se han descubierto restos de hemoglobina.

Sin duda, es un documento científico curioso sobre el que se han hecho mil estudios y se han escrito cientos de libros. Y, sobre todo, se ha sometido a los estudios más modernos del ordenador. Hasta la NASA ha estudiado el curioso lienzo en su programa Jet Propulsion Laboratory. Es curioso porque la doble imagen está en negativo, pero aparece en positivo en la primera fotografía que se le hizo en 1898 y, además, presenta informaciones tridimensionales, como si algo, emanado del cuerpo, hubiese actuado sobre el lienzo. La imagen, además, no está pintada. No contiene pintura alguna, como afirman los exámenes químicos.

La imagen presenta heridas en las manos, los pies y en la parte izquierda del costado. Y en la cabeza las heridas hacen pensar en un casco hecho de espinas. Sería, pues, la imagen de un crucificado. Pero ¿de qué fecha? Los primeros análisis al carbono 14 realizados en 1988 fueron una desilusión, pues en ellos aparecía que el lienzo no era más antiguo de la Edad Media. Pero en 1993 hubo otro golpe de escena tras la convocatoria en Roma de

71

científicos internacionales, entre los que figuraba un premio Lenin, especialista ruso de física nuclear y en radioisótopos. Dichos científicos rechazaron los exámenes hechos al carbono 14. Pero la Iglesia, prudente, no quiso hacer comentarios.

Una cosa es verdad: incluso el día en que se pudiera probar que la curiosa doble imagen de la Sábana Santa pertenece a la época en que murió Cristo, para lo único que podría servir es para demostrar históricamente cómo se crucificaba entonces a los revoltosos políticos, pero nunca probaría que la imagen de aquel cuerpo pertenezca a Jesús de Nazaret. Es decir, que Cristo seguiría sin rostro, ya que la otra reliquia, la del lienzo de la Verónica, ni siquiera la Iglesia la considera con valor al aparecer sólo en los evangelios apócrifos.

¿Cómo han ido naciendo, por mano de los artistas a lo largo de dieciocho siglos, las infinitas imágenes de Jesús? Sin duda, han ido reflejando los diferentes momentos de la historia. Por ejemplo, las primeras pinturas de Jesús aparecidas tras haberse convertido el cristianismo en religión de estado en tiempo de los emperadores romanos, en el siglo IV, presentan a un Jesús glorioso, poco menos que un supermán, para demostrar que nadie tenía más poder que él. Un ejemplo curioso es el de una caja de mármol del siglo V en el que Jesús, en algunas escenas de la Pasión, carga con la cruz sin ningún esfuerzo y crucificado en la cruz aparece con una cara sin cansancio ni preocupación alguna.

Todo lo contrario ocurrió a partir de la Edad Media, cuando la religión cristiana se quiso acercar al pueblo que sufre. A partir de ese momento se presenta al Jesús sufriente y que inspira ternura y compasión. Basta recordar las pinturas del italiano Correggio y del español Velázquez. El pintor holandés Jan Mostaert retrató a Jesús con los ojos bañados de lágrimas.

Más tarde llegarían las imágenes del Jesús resucitado y glorioso, como en las pinturas de Tiziano, en las que el Maestro evita el roce de María Magdalena. La exposición de la National Gallery de Londres «Contemplando la salvación: la imagen de Cristo», que se celebró del 26 de febrero al 7 de mayo del 2000, presentó magistralmente toda esa infinita galería de artistas que a lo largo de los siglos fueron «inventando» la cara y la figura del profeta de Nazaret, de quien seguramente nunca sabremos cómo era.

¿Era Jesús alto o bajo, bello o feo?

Hay quien insiste en que Jesús tenía que ser más o menos como un judío típico de su tiempo. Y, por tanto, nada de pelo rubio ni ojos azules. Pero es evidente que los judíos de entonces, como los de hoy, no todos son iguales: los hay altos y bajitos, flacos y gordos, bellos y menos bellos y blancos o morenos. ¿Cómo era Jesús? El Nuevo Testamento casi no ha dejado rastro de cómo podía ser físicamente Jesús. Existe sólo un pasaje en el evangelio de Lucas sobre el que algunos padres de la Iglesia especularon para decir que Jesús tenía que ser más bien bajo. Es el del publicano Zaqueo, que, habiendo llegado Jesús a Jericó, «procuraba ver quién era Jesús, pero no podía a causa de la multitud, pues era pequeño de estatura. Y corriendo delante se subió a un árbol para verle». ¿Quién era bajo de estatura, Zaqueo o Jesús? Hay quien piensa que, aun refiriéndose el evangelista a Zaqueo como bajito, si Jesús hubiese sido un hombre alto, de más de 1,80, como muchos lo pintan, hubiese podido verle. Seguramente en este episodio de Zaqueo se basaron los obispos de Oriente cuando en su Carta Sinodal de 839 afirman que Jesús medía 1,35.

De Jesús, por los evangelios, sabemos sólo que usaba la túnica habitual de los hombres de su tiempo, que no era de seda, sino de lino o algodón; que llevaba sandalias y usaba bastón, y que poseía una mirada penetrante que se detenía con fuerza sobre sus adversarios. Es posible que aparentara más años de los que tenía, ya que, como aparece en el evangelio de Juan, los judíos decían «aún no ha cumplido los cincuenta años», cuando en aquella época no podía tener más de treinta. Que no debía destacar en nada se demuestra del episodio de la traición cuando Judas, para entregarlo a los soldados romanos, tiene que besarlo para que puedan saber quién es.

Entre los Padres de la Iglesia, en los primeros siglos del cristianismo, prevalecieron dos tesis opuestas, sacadas ambas de dos textos, también contradictorios, de la Biblia. El primero es del profeta Isaías cuando dice, refiriéndose al Mesías prometido: «No hay hermosura en él; le veremos más bien sin atractivo para que le deseemos». De este texto fueron sacados los pareceres de que Jesús tenía que ser más bien feo y sin ningún tipo de atracción. El otro texto en el que se inspiraron, por el contrario, cuantos han afirmado que Jesús era alto y bello con una figura que imponía y atraía a la gente es el del Salmo 45, donde se lee: «Eres el más hermoso de los hijos de los hombres; la gracia se derramó en tus labios; por tanto, Dios te ha bendecido para siempre».

A la primera categoría, la de los que consideraban a Jesús más bien feo, pertenecen San Justino, que afirma que Jesús era casi deforme; Tertuliano, que decía que su cuerpo casi no parecía un hombre de lo feo que era; Comodiano, que lo presenta como un esclavo de figura abyecta, y San Ireneo, que afirmaba que Jesús era «informus, inglorius, indecorus».

Los seguidores de la idea del Salmo que describe al Mesías como el más hermoso de los hijos del Hombre, presentan, al revés, a un Jesús lleno de hermosura. En el 710, Andrés, un ciudano de Creta, afirma que Jesús tenía «las cejas unidas, los ojos hermosos, el rostro alargado, un poco encorvado y era de buena estatura». Por su parte, el monje Epitafio afirmaba en el año 800 en Constantinopla que «Jesús medía 1,70 de estatura, tenía el pelo rubio y levemente ondulado, cejas negras, con una ligera inclinación del cuello, con el rostro no redondo, sino alargado, como el de su madre, a quien se parecía en todo». Son imágenes tomadas de las cartas de Lentulus Publius, de Jerusalén, y Nicephorus Calixtus, dirigidas al emperador César Augustus, y pertenecen a los escritos apócrifos, lo que demuestra cómo al principio los evangelios llamados hoy

75

apócrifos y considerados no inspirados por Dios eran entonces unos más y gozaban del mismo respeto que todos los otros y eran citados como fuentes auténticas.

La verdad es que los cristianos de hoy poco se preocupan ya de saber cómo era Jesús físicamente y, si acaso, los especialistas bíblicos intentan indagar, a través de las huellas que nos han quedado en los evangelios, cómo era su verdadera personalidad.

¿CÓMO FUERON LAS ÚLTIMAS HORAS DE SU VIDA Y CÓMO MURIÓ?

Uno de los episodios de la vida de Jesús sobre el que más información aparece en los cuatro evangelios es sobre su detención, tortura, proceso y condena a muerte. Pero al mismo tiempo se trata seguramente de los textos con mayores contradicciones y divergencias entre los diferentes evangelios. ¿Por qué? Existen cientos de libros para intentar conocer en qué consistió el proceso a Jesús y para intentar hacer concordar las diferentes versiones (hasta siete distintas) que nos han transmitido los evangelistas.

Las preguntas son muchas. Por ejemplo: ¿fueron las autoridades judías o las romanas quienes decretaron que Jesús debía morir? ¿Cuáles fueron las acusaciones reales que se le imputaron? ¿Eran religiosas o políticas? Y si eran religiosas, como todo haría pensar, ya que él presentaba una revisión de la religión judía, ¿por qué no fue castigado con la muerte por lapidación, como era normal en estos casos, y lo fue con la crucifixión, que estaba reservada a los sediciosos políticos? ¿Transcurrió sólo apenas un día entre su detención y su muerte, como hacen ver algunos evangelios, o varios días, según otros, o incluso varios meses? ¿Hubo algún testigo ocular del proceso ante el Sanedrín y ante Pilatos? ¿Cómo nos han llegado las noticias del proceso?

¿Fue crucificado como todos los otros reos condenados a esa pena capital o lo fue de una forma particular? ¿Por qué se extrañaron las autoridades de que hubiera muerto tan rápido, ya que a veces los crucificados duraban vivos días enteros? ¿Existe la posibilidad de que fuera bajado de la cruz aún vivo y que continuara aún viviendo muchos años viajando por la India como alguien —lógicamente sin prueba alguna— ha llegado a pensar? ¿Conocemos de verdad cuáles fueron sus últimas palabras en la cruz antes de morir? ¿Fueron reales los fenómenos extraños que, al parecer, ocurrieron durante su muerte?

Por lo que se refiere a los hechos que los evangelios narran de su resurreción y de las apariciones a los apóstoles que, muertos de miedo, al ver que el Maestro había sido crucificado ingloriosamente y que podía tocarles a ellos igual suerte, se habían escondido en las casas de amigos y familiares, es aún más difícil poder saber lo que de histórico pueda haber en los relatos evangélicos. Sin duda, el hecho de la resurrección entra exclusivamente en el ámbito de la fe religiosa. Tan importante lo han considerado los cristianos para su fe que ya Pablo solía comentar: «Si Jesús no resucitó, toda nuestra fe sería inútil».

Pero si lógicamente nadie podrá nunca probar la resurrección como un hecho histórico, lo que sí es posible preguntarse es por qué los apóstoles, de muertos de miedo, pasaron de repente en pocos días a desafiar a todos con una euforia tal que fueron acusados de estar borrachos. Porque, de pronto, hacían discursos maravillosos, hablaban en lenguas que nunca habían estudiado y no sólo perdieron el miedo, sino que acabaron todos aceptando el martirio por defender el mensaje heredado del Maestro. ¿Se trató de una transformación de tipo místico? ¿Qué les sucedió de verdad para sufrir una tal metamorfosis? Aquí la historia tiene poco que decir porque entramos de lleno en el ámbito del Cristo de la fe, que escapa a todo análisis científico y racional.

5

Imposible escribir la vida
de Jesús

Seguramente de ningún personaje histórico de los últimos veinte siglos se ha escrito más que sobre Jesús de Nazaret, cuando, en realidad, es de quien menos sabemos. De él existen infinitas biografías. Y, sin embargo, la pregunta que hay que hacerse es si hoy, con los elementos que tenemos de las fuentes tanto fuera como dentro del cristianismo, es posible escribir una vida de Jesús. Y la respuesta es categórica: no. Hoy ningún especialista bíblico serio, en efecto, ni católico ni protestante, osaría afirmar lo contrario.

Sin duda, pueden escribirse —y se han escrito muchos a lo largo de los tiempos— ensayos sobre el personaje que tanto condicionó la vida de Occidente. Se pueden escribir libros literarios teniendo como telón de fondo los relatos evangélicos, aun sabiendo que no se trata de documentos históricos y que pueden estar manipulados y filtrados por motivos teológicos. Se pueden hacer estudios de todo tipo sobre las Sagradas Escrituras.

Y se han hecho hasta el infinito. Baste pensar que sólo la Biblioteca del Instituto Bíblico Pontificio de Roma, regido por los Jesuitas, posee más de un millón de obras sobre el tema. Y algo parecido acontece con la del Instituto Bíblico de Jerusalén. Sin embargo, nadie ha conseguido presentar una biografía del personaje Jesús, que continúa siendo el «gran desconocido».

Pero, aun siendo imposible escribir una biografía como tal del profeta de Nazaret, no cabe duda de que en el personaje descrito por los evangelistas tienen que haber quedado huellas, retazos, astillas de la verdadera historia de Jesús. Pero ¿cómo descubrirlas? Todos los autores, incluso los que cuentan con buenos instrumentos exegéticos, se han estrellado en el propósito. De ahí el que puedan existir infinitos retratos de Jesús, incluso los más contradictorios, que lo presentan desde como un revolucionario político, casi un guerrillero que quería salvar a Israel del yugo de los opresores romanos, hasta como un místico pacifista que se interesaba sólo por el cielo y el espíritu, ajeno a los problemas y angustias de sus contemporáneos.

HOY CONOCEMOS MEJOR LA SOCIEDAD EN LA QUE VIVIÓ JESÚS

Durante mucho tiempo, para estudiar la figura de Jesús, se prescindió del conocimiento de la situación real de la sociedad en la que él vivió y murió. Situación social y también religiosa y política.

Y ello era imprescindible para poder acercarnos a la realidad histórica de Jesús. Hoy este esfuerzo se ha hecho y conocemos de aquella Palestina del tiempo de Jesús, si no todo, sí muchas cosas más. Al mismo tiempo que conocemos mejor las costumbres y los ritos religiosos de los judíos de aquel tiempo y las numerosas facciones y sectas que existían del judaísmo de la época.

Todo ello ha servido a los especialistas para acercarse con mayor conocimiento de causa a lo que pudo suponer la predicación y los milagros realizados por el profeta.

Pero con eso y todo aún no es posible saber con certeza lo que representó Jesús en su sociedad, cómo lo veían los judíos de entonces, qué pensaba de él la gente que lo seguía. Es también imposible saber qué pensaba Jesús de sí mismo y si es cierto o no que se consideraba como el Mesías anunciado por los profetas. No sabemos qué pretendió realmente con su predicación y qué tipo de nuevo Reino anunciaba a los judíos. Ni sabemos aún con certeza absoluta por qué lo crucificaron tan joven.

En efecto, en aquel tiempo Palestina, que era la periferia del Imperio Romano, estaba atravesada por numerosas corrientes políticas y religiosas, que eran muy distintas, por ejemplo, en Judea, Galilea o Samaria, aunque sabemos que Jesús nació y vivió largos años en la aldea de Nazaret de Galilea, que era la cuna de todos los movimientos nacionalistas, guerrilleros y revolucionarios. Pero él tambien actuó en Judea y hasta en Samaria.

¿Por qué Jesús no fue borrado de la Historia y los otros profetas de su tiempo sí?

Sabemos que en aquel tiempo, por ejemplo, existían numerosos profetas que, como Jesús, podían hacer pensar que se presentaban como otros tantos mesías, y que, como el profeta de Nazaret, hacían milagros, echaban a los demonios y predicaban la llegada de tiempos mejores para la Israel siempre dominada por los poderes extranjeros. ¿Era Jesús uno más de ellos o era diferente? ¿Y diferente en qué? ¿Le entendieron sus apóstoles? Y si no lo entendieron en vida, como aparece en varios pasajes del evangelio en los que el Maestro les reprocha su ceguera, ¿qué garantías tenemos hoy de que la imagen y la personalidad que transmitieron de Jesús, después de su muerte, a las primeras comunidades cristianas, era la verdadera y no la mítica por ellos creada?

Por eso cuando se habla del Jesús de la fe, que sería el que interiorizaron las primeras comunidades cristianas guiadas por los apóstoles, nadie pone en duda que se trata de un Jesús interesante. Era el que proclamaban aquellos primeros cristianos, casi todos judíos al principio, que demostraron una fe tan fuerte en el Mesías Jesús que estuvieron dispuestos a dar por él su vida hasta el derramamiento de su propia sangre. Una fe tan interesante que ha permanecido viva durante dos mil años a pesar de haber pasado por tantas vicisitudes, contradicciones y hasta traiciones de su espíritu primitivo.

Pero con ser un Cristo interesante el de la fe de los cristianos, la pregunta sigue en pie: ¿era ése el verdadero Jesús histórico al que condenaron a muerte de cruz? ¿Por qué los apóstoles que lo conocieron de cerca se negaron a transmitirnos su verdadera vida? ¿Por qué nos ocultaron toda su infancia y su juventud? ¿Por qué se extrañaron tanto de que le hubieran crucificado? ¿Es que no escuchaban lo que iba diciendo aquí y allí, sus provocaciones tanto al Templo como al César? ¿Qué esperaban realmente de él?

Es una curiosidad que difícilmente los cristianos podrán nunca saciar a no ser que un día aparezcan documentos inéditos más cercanos al tiempo en que se escribieron los evangelios, escritos por testigos oculares y con mayores garantías históricas, cosa que ha sido siempre el sueño de historiadores y especialistas bíblicos, mientras que la Iglesia confirma que para ella le basta el Jesús de la fe. Le basta que haya existido realmente y que no haya sido un mito creado por alguien.

Por el momento hay que conformarse con los documentos transmitidos por los evangelistas anónimos, que no conocieron personalmente a Jesús, escritos entre cuarenta y noventa años después de su muerte.

Algunas preguntas imprescindibles
sobre Jesús

Pero, aun ante la imposibilidad de descubrir cómo era realmente el personaje Jesús, sí que podemos hacer algunas consideraciones y preguntas. En primer lugar, es indiscutible —cosa que no pocos cristianos tienden a olvidar— que Jesús era judío y tenía orgullo de serlo. Vivió en una aldea judía recibiendo la cultura judía y practicando todos sus ritos. Y se dirigió durante toda su predicación, con algunas excepciones, a sus coetáneos los judíos.

Parece ser que fue, eso sí, un judío inconformista y crítico, un mago que curaba a todos los enfermos, más por compasión que por el gusto de hacer prodigios, y que tenía fuerza para arrojar a los demonios de los posesos. Hay quien ha negado la posibilidad de que Jesús pudiera hacer milagros, pero resulta muy raro que las gentes lo siguieran sólo por lo que predicaba, cosa que muchas veces ni entendían, y no por las curaciones que hacía. Sin duda, fue un taumaturgo y exorcista.

Todo hace pensar que, a pesar de que anunciaba la llegada de un nuevo Reino, es decir, de una situación política, social y religiosa que cambiaría muchas cosas en Israel, sobre todo para los más desafortunados, en realidad no era el clásico líder de un movimiento revolucionario nacionalista cuya única misión fuera sublevar a las gentes contra la dominación de los romanos. Y menos el líder de un movimiento guerrillero violento.

De ahí el que no pocos piensen hoy que, aun habiendo sido condenado por sedicioso político con la pena de la crucifixión, que era la destinada por los romanos a estos sujetos, en realidad, se trató de un gran error judicial. Porque Jesús nunca intentó levantar a las masas contra los romanos. Es famosa su frase de que «hay que dar a Dios lo que es de

Dios y al César lo que es del César». Jesús no predicó la llegada de un Reino meramente temporal. Él intentaba una revolución más profunda de la que no estaba descartado el espíritu. Era una imagen diferente de Dios, más cercana a los humillados y a los pobres, la que él, en vano, intentó inculcar.

Claro que tampoco predicó un Reino puramente religioso y espiritual. De hecho, los apóstoles tuvieron entre ellos y con él no pocas discusiones para saber quiénes iban a tener los mejores puestos en aquel nuevo Reino que él iba predicando. Señal de que habían entendido que se trataba también de una nueva situación política y social. Aunque también es verdad que cada vez que surgían tales disputas Jesús les reprochaba el estar demasiado preocupados por las cosas terrenales, y les solía decir que en su Reino, al revés, los primeros serían los últimos y los últimos los primeros.

Es muy posible, por eso mismo, que Jesús fuera el primer sorprendido a la hora en que llegaron para detenerlo, torturarlo y clavarlo en la cruz como revoltoso político y social. Porque, como ya se ha dicho, si lo hubiesen condenado por motivos religiosos, como blasfemia o subversión contra el Templo, hubiese sido condenado a la pena de la lapidación, que era la prevista en esos casos por la jurisdicción judía.

Sorprendido Jesús y sorprendidos los apóstoles, que habían creído que Jesús iba a ser un triunfador y no un perdedor, el hijo predilecto de Dios y no quien muere quejándose de que Dios lo había abandonado. Ellos habían creído que el Maestro iba a ser el nuevo Rey de los judíos, un rey victorioso que aplastaría a sus enemigos y a los invasores romanos. Por ello, viéndolo fracasar y crucificar, quedaron espantados y atemorizados escondiéndose en las casas de amigos y parientes para no correr ellos la misma suerte.

Otra pregunta sin respuesta ya la hemos hecho, y es cómo, después de todo eso, se explica el que, una vez que sus discípulos creyeron que Jesús había resucitado de entre los muertos, hubiese cambiado tan radicalmente su actitud sintiéndose poseídos de valentía y hasta de talento, llegando a comprender lenguas que nunca habían estudiado.

UN JESÚS POLIÉDRICO Y CONTRADICTORIO

Otra interrogante que habría que plantearse es cómo de un personaje histórico como Jesús, del que sabemos tan poco, pudieron nacer tantos otros Cristos idealizados a lo largo de los siglos inspirando a miles de millones de fieles. La verdad es que de ningún personaje, ni siquiera mítico, se ha tenido una imagen tan poliédrica, tan contradictoria, tan diferente a través de los siglos como de Jesús. Ningún personaje ha sido tan amado y tan odiado a la vez. De ahí el que existan tantas imágenes de Jesús como personas han creído en él o lo han rechazado. Porque también quienes nunca lo han aceptado tienen de él una imagen bien concreta.

Muy diferente es, por ejemplo, lo acontecido con Buda, que vivió varios siglos antes de Jesús, otro de los personajes históricos que han tenido un influjo impresionante en medio planeta. Sobre Buda no existen todas esas divergencias y contradicciones como sobre la figura de Jesús. Su figura es más lineal, más homogénea y puede provocar indiferencia, pero no rechazo. Y también mucha simpatía y afecto. Y un gran respeto por su doctrina sobre la iluminación interior como camino hacia la serenidad completa del alma.

¿Por qué aquel profeta Jesús, que en su tiempo no dejaba de ser un profeta más de los que pululaban por Palestina, hasta el punto que casi lo ignoraron las crónicas de la época, armó tal revolución en la historia, mientras los otros no dejaron huella? Ya que también los otros tuvieron seguidores, discípulos, doctrinas propias y hasta hacían prodigios como él.

Una explicación me la propuso un día una judía. Precisamente, dijo, porque se trata de un personaje del que casi nada se sabe de su vida y de su persona física, en él se ha ido concentrando la gran utopía de la historia, la que anida en el fondo de toda persona humana, sea de una creencia religiosa u otra. Esa utopía tejida con las aspiraciones más nobles, como la de la paz y el amor universales, la de la liberación de todos los oprimidos de la tierra, la de las ansias de justicia de todos los humillados, la que sueña con el respeto a la libertad de conciencia y a los derechos fundamentales del hombre, la utopía de la solidaridad universal y de la lucha contra la soledad que oprime y mata, la de la búsqueda de la diversidad como riqueza para todos y no como confrontación racista.

Puede ser, en efecto, que en Jesús de Nazaret, a pesar de las traiciones perpetradas en su nombre por una parte de la Iglesia que nació bajo su fe, cada ser humano siga viendo un ideal personal, espiritual, social y hasta político. Como si en él se proyectaran los sueños mejores de un mundo más humano y abierto al misterio, ese misterio de la vida y de la muerte que nadie nos ha sabido aún descifrar satisfactoriamente y al que la humanidad sigue buscando sentido como al más complejo y difícil de los jeroglíficos.

Y eso a pesar de que todos saben muy bien que el nombre de Jesús ha servido, a lo largo de la historia, de comodín para tantas ambiciones mezquinas y para tantas traiciones manifiestas o escondidas. Al final, la utopía que él representa acaba quebrando las piernas de todas las contrafiguras construidas sobre él.

6

¿Perteneció Jesús a la secta de los fariseos o a la de los esenios de Qumrán?

Jesús no fue un personaje caído de otro planeta. Fue hijo de su tiempo, un judío piadoso que creía en la Ley de Moisés y amaba a su pueblo. Al presentarse en la escena pública como un personaje que intentaba intervenir en los destinos religiosos y sociales de su país es normal que, por lo menos antes de configurarse como un profeta con una doctrina propia y con un grupo de discípulos que seguían sus enseñanzas y su aventura, hubiese pertenecido a uno de tantos grupos o sectas que pululaban en aquel tiempo en la Palestina ocupada por los romanos.

En la época en que Jesús vivió, tres eran las sectas a las que podría haberse adherido: la de los zelotes o nacionalistas, la de los fariseos y la de los esenios. Los zelotes se oponían incluso con la fuerza a la dominación romana de Israel y tenían su origen en la región de Galilea, de la que Jesús era oriundo. Eran una especie de guerrilleros, y parece ser que uno de los que acabó siendo del grupo de los doce apóstoles de Jesús había militado con los zelotes.

No pocos analistas creyeron durante mucho tiempo que Jesús había sido un zelote empeñado en la liberación de su pueblo del yugo de los romanos. O que por lo menos había sido un simpatizante de dicho grupo revolucionario. Esta tesis la sostuvieron sobre todo los movimientos revolucionarios, que veían al profeta de Nazaret, más que como un líder religioso, como un político que había dirigido un movimiento de liberación de Palestina.

Esta idea de un Jesús revolucionario y zelote fue perdiendo peso y hoy es difícil de defender. Lo que no excluye que Jesús, como buen judío, albergase sentimientos nacionalistas y hasta demostrara una cierta simpatía por los zelotes. Lo que ocurre es que Jesús creía más en la fuerza y la acción de Dios sobre su pueblo que en los métodos de la violencia, que siempre les reprochó a sus discípulos más belicosos, que querían usar la espada y que estaban movidos a veces por sentimientos de lucha violenta. Jesús les recordaba que él había venido a traer la paz y no la guerra.

LOS MANUSCRITOS DE QUMRÁN CREARON PÁNICO ENTRE LOS CRISTIANOS

A partir de 1947, cuando fueron descubiertos los famosos documentos de los esenios de Qumrán, una localidad situada en Palestina, en las proximidades del Mar Muerto, se pensó que Jesús podía haber sido uno de los líderes de dicha comunidad religiosa que ponía en entredicho algunos elementos de la religión judía. Se pensó que la doctrina de Jesús, transmitida por los evangelios, podía haber sido la doctrina de los esenios y que, por tanto, el mismo cristianismo primitivo habría tenido origen en Qumrán.

El descubrimiento de aquellos cientos de pergaminos que se habían conservado sin manipulaciones desde hacía más de dos mil años tuvo lugar por casualidad, cuando un pastor, buscando a una cabra que se le había perdido, se encontró con una cueva en la que halló algunas ánforas con manuscritos en hebreo, en arameo y hasta en griego. A partir de ese momento la comunidad científica mundial entró en agitación. Las excavaciones duraron varios años, durante las cuales aparecieron muchas más cuevas y más documentos.

Los medios de información del mundo se adueñaron de la noticia y sólo se esperaba que los expertos pudieran descifrar aquellos papiros, muchos de ellos ya deteriorados. Sobre ellos, aun antes de conocer sus contenidos, se especuló muchísimo, y el Vaticano entró en pánico, pues se hablaba de que Jesús podía haber sido el famoso Maestro de Justicia de quien se hablaba en aquellos manuscristos de los monjes esenios de Qumrán. Se trataba de una escisión radical de la conocida secta de los esenios, que existía varios siglos antes del nacimiento de Cristo y que duró hasta el año 68 d.C., cuando los esenios fueron destruidos por las tropas de Tito y Vespasiano, tras la caída del segundo Templo de Jerusalén.

Se temió que los documentos de Qumrán pudieran hacer que se tambaleara toda la originalidad del cristianismo, al no ser éste más que la continuación histórica de aquella comunidad crítica con el judaísmo tradicional. Y los ánimos se calmaron sólo cuando tras su traducción a las principales lenguas se conoció su contenido. Eran sólo simples reproducciones de algunos libros de la Biblia, de las Reglas de aquella comunidad de Qumrán y de las discusiones teológicas sobre los libros sagrados de las Escrituras.

Se pudo así observar que la vida y la doctrina de aquellos esenios radicales, algunos de los cuales eran sacerdotes que observaban el celibato y vivían en una especie de monasterio, alrededor del cual, en edificios separados, vivían los casados, poco tenía que ver con la vida y la doctrina que Jesús impartía a sus discípulos. Y se descartó así la idea de que Jesús pudiera haber pertenecido a la secta de los esenios, que, según los historiadores, llegaron a ser unos cuatro mil, o que pudiese ser uno de los promotores de la escisión esenia de Qumrán.

Sin embargo, los manuscritos de Qumrán resultaron a su vez de una importancia capital para conocer mejor la vitalidad religiosa de los tiempos de Jesús, la interpretación que entonces se daba a ciertos pasajes de la Biblia y la tensión con la que en aquel momento se vivía la discusión teológica en torno a la religión judía tradicional de los saduceos y fariseos.

Los esenios de Qumrán eran un grupo radical que ponía en cuestión la eficacia de los sacrificios de los animales que se realizaban en el Templo, la pureza misma del Templo y la legitimación de la casta sacerdotal judía tradicional. Eran monjes elitistas que se consideraban como los hijos de la luz, en contraposición a los otros, que eran los hijos de las tinieblas. Pero eran todos judíos y circuncidados.

Los esenios en general creían en la inminencia del fin del mundo, y para ellos el enemigo no era el invasor romano, como para los zelotes, sino el mal, el pecado y Satanás, al mismo tiempo que creían que el Dios de Israel acabaría venciendo a la muerte.

En realidad, entre la doctrina de los esenios y la de Jesús existen suficientes diferencias para poder excluir que el cristianismo naciera de los esenios, pero también suficientes coincidencias para poder negar que hubiera habido influjo esenio en la predicación de Jesús o, por lo menos, en la interpretación que de ella dieron las primeras comunidades cristianas.

Las diferencias entre los monjes de Qumrán y Jesús

Entre las diferencias más notables habría que destacar que Jesús nunca fue un monje y que nunca vivió con sus discípulos en ningún monasterio. Eran predicadores itinerantes y en contacto continuo con la gente, especialmente con la más humilde. Por otra parte, una de las doctrinas de los esenios era el total rechazo de todos aquellos que fueran paganos o gentiles, es decir, que no pertenecieran a la fe judía. Jesús, al revés, y más tarde el cristianismo, se presentaron enseguida como una religión universal que no cerraba sus puertas a nadie, ya que anunciaba a un Dios padre de toda la humanidad.

Los esenios practicaban unas reglas internas muy severas, mientras que Jesús nunca dio regla alguna a sus discípulos, ni permitía que ayunaran o hicieran sacrificios. Y mientras los elegidos de entre la comunidad esenia eran todos célibes, los apóstoles de Jesús fueron todos casados menos uno. Y el mismo Jesús, aunque no estuvo casado —cosa de la que tampoco existe una certeza absoluta—, nunca exigió el celibato a los suyos y él mismo fue enormemente libre en su trato con la mujer, incluso con las prostitutas, en una época fundamentalmente machista en la que la mujer era la gran excluida de la sociedad y contaba sólo como madre de sus hijos.

Otra de las diferencias es que entre los esenios regía la norma de excluir de la comunidad a cuantos tuvieran algún defecto físico. Uno de sus textos reza así: «Todo idiota o loco, todo simple y tartamudo, aquellos cuyos ojos no ven, el cojo o tambaleante, el sordo, el niño menor de edad, ninguno de ellos entrará en la comunidad». Con Jesús era al revés: tenían preferencia todos los lisiados, los enfermos, los leprosos, los endemoniados, los ciegos y toda la miseria a la que la sociedad solía dejar en la cuneta.

Aunque hay que reconocer que más tarde la Iglesia Católica acuñó, en su Derecho Canónico, en cuanto a la entrada de candidatos para la comunidad de sacerdotes consagrados, toda una serie de normas parecidas, alejando de la posibilidad de recibir la ordenación sacerdotal a los que mostraran algún defecto físico, entre los que figuraban la falta de testículos. Y a este respecto se cuenta una anécdota graciosa de un arzobispo de una diócesis de Andalucía, en España, que poseía mucho sentido del humor. En su seminario existía un seminarista al que le faltaba un testículo, pero que al parecer era el mejor de su curso y deseaba ordenarse sacerdote. Los profesores presentaron el caso al arzobispo, el cual les respondió: «Pues hombre, yo diría que habría que dejarle ordenarse, pues para lo que le va a servir ese testículo». Y fue ordenado.

Hoy la Iglesia no permite la entrada en el sacerdocio o en la vida religiosa a los contaminados con el virus del sida, un gesto considerado como racista incluso por no pocos obispos y teólogos. Entre los esenios y Jesús existían, sin embargo, algunas coincidencias notables. Por lo pronto, algunos parecidos entre él y el llamado Maestro de Justicia de la secta, ambos llamados a ser «enviados especiales de Dios», ambos críticos con el judaísmo oficial y contra el sacerdocio del Templo de Jerusalén, como ha subrayado el teólogo Tamayo.

Pero hay más: ambos movimientos eran de corte apocalíptico, creían en un fin inminente del mundo y en la llegada de un Mesías que rescatara a Israel de todos sus males. Y, por último, podría ser de origen esenio la costumbre de Jesús y de sus discípulos de poner los bienes en común. Se sabe que tenían una bolsa en común para los gastos de la comunidad apostólica y para dar limosna a los pobres. También las primeras comunidades cristianas heredaron esta costumbre de Jesús y los apóstoles, y ponían sus bienes en común. Aunque duró poco por las disputas y recelos que aquella práctica suscitaba y acabó cayendo en desuso.

JESÚS ERA UN SIMPATIZANTE DE LA SECTA DE LOS FARISEOS

Excluido, sin embargo, que Jesús y los suyos formaran parte de la comunidad de los esenios de Qumrán, aunque algunas de sus doctrinas hubiesen podido influenciar el cristianismo primitivo, lo que sí parece más probable es que formaran parte del grupo de los fariseos, cuya doctrina sí era más cercana a la predicada por Jesús. No hay que olvidar que fue un famoso fariseo de su tiempo, José de Arimatea, quien prestó su tumba para que en ella fuera enterrado Jesús tras su muerte y crucifixión. Y fueron algunos grupos de fariseos quienes avisaron a Jesús para que huyera tras haber sabido que Herodes lo buscaba para matarlo.

Ahora bien, una pregunta se impone enseguida: ¿cómo es posible que Jesús fuera de la secta de los fariseos si los cuatro evangelios presentan a los seguidores de dicha secta como a sus grandes enemigos y perseguidores? La explicación que hoy se da a esa pregunta es muy sencilla. Parece ser que en los tiempos en los que se escribieron los evangelios —que coincide con el momento en que las primeras comunidades cristianas empiezan a separarse de sus raíces judías para entrar en contacto con los paganos y gentiles, entre ellos los romanos—, los fariseos eran el grupo dominante del judaísmo, y no viendo con buenos ojos la abertura del judeo-cristianismo hacia una religión universalista, persiguieron con dureza a los judíos cristianos, impidiéndoles, por ejemplo, seguir entrando en las sinagogas, como habían hecho hasta entonces los judíos circuncidados convertidos a Jesús.

Estando así las cosas, los evangelistas achacaron a los fariseos del tiempo de Jesús —que eran muy diferentes—, lo que estaba ocurriendo en aquel momento. Y así, todos los ataques hechos en vida a Jesús, por quienes fuera, se los achacaron a los fariseos. Todas las disputas y los insultos a Jesús se los atribuyeron a ellos, cuando lo normal es que los mayores contrincantes de Jesús hubiesen sido no los fariseos, que eran una secta más bien liberal dentro del judaísmo —que hasta creían en la resurrección de los cuerpos—, sino a los saduceos, que representaban a la oficialidad del Templo.

Sin duda, Jesús tuvo que tener disputas con los fariseos, sobre todo con aquellos que eran más legalistas y que se paraban más en la letra que en el espíritu de la Ley, pero no hasta el punto que los fariseos fueran los grandes enemigos del Maestro. Tanto es así que en todo el proceso contra Jesús, que lo llevaría a la condena a muerte de cruz, nunca aparecen involucrados los fariseos, muchos de los cuales habían sido en vida tan amigos suyos que hasta lo habían invitado a comer en sus casas.

La postura de los evangelistas contra los fariseos fue tan dura que «fariseo» pasó a ser sinónimo de «hipócrita», vocablo que colocan en boca de Jesús contra los fariseos. Una cosa parece hoy cierta: si Jesús no hubiese pertenecido de algún modo al grupo de los fariseos, éstos no hubiesen perdido tiempo en discutir con él; sencillamente lo hubiesen despreciado o ignorado como a un loco más que se hacía pasar por el Mesías.

La verdad es muy distinta. Pocos saben, por ejemplo, que no pocas de las afirmaciones que se le han atribuido en exclusiva a Jesús pertenecían ya a la doctrina liberal de los fariseos. Por ejemplo, la famosa frase de Jesús de «el sábado fue creado para el hombre y no el hombre para el sábado», que los fariseos rebatían contra los grupos más tradicionales que hacían del descanso del sábado algo puramente formal y estricto. Igualmente la regla de oro de «no hagas a los demás lo que no deseas que te hagan a ti» era doctrina farisaica, al mismo tiempo que los fariseos rechazaban la práctica del «ojo por ojo y diente por diente», que también Jesús puso en entredicho al predicar, al revés, el perdón y el amor a los enemigos.

Y es que los fariseos, además de las normas escritas de la Ley, defendían una tradición oral no codificada, entre la que figuraba, por ejemplo, que la circuncisión realizada en el octavo día no quebrantaba el sábado. Y en los casos de mayor discusión entre Jesús y los fariseos se trataba de algunas doctrinas discutidas entre los diferentes grupos de fariseos que interpretaban de formas diferentes las leyes judaicas y la tradición. Pero precisamente esas discusiones de Jesús con los diferentes grupos farisaicos demostraba que, si bien no pertenecía de forma estricta a la secta, por lo menos la conocía muy a fondo y había adoptado no pocas de sus doctrinas.

LA DOCTRINA PREDICADA POR JESÚS NO ERA TOTALMENTE ORIGINAL

La verdad es que prácticamente ninguna de las afirmaciones hechas por Jesús es totalmente original. Ni siquiera la del amor a los enemigos. Todo eso aparecía ya en alguno de los textos de la literatura rabínica, que recogen las discusiones de los diferentes grupos religiosos judaicos sobre la interpretación de la Ley.

Jesús arremetió siempre más bien contra la interpretación estrecha y legalista que de ciertos textos de la Escritura y de las Leyes daban el grupo conservador de los saduceos, algo así como lo que ocurre hoy en la Iglesia Católica entre los conservadores y los progresistas ante la interpretación del último Concilio Vaticano II.

Lo que sí puede ser cierto es que Jesús defendió con mayor fuerza y con mayor amplitud la doctrina farisaica liberándola de sus interpretaciones más leguleyas. Jesús huía de todo lo que era sumisión a la letra de la Ley para dar valor sobre todo al espíritu de la misma.

Típica era la cuestión del precepto del sábado. Jesús nunca estuvo en contra del precepto del descanso sabático, sino contra sus degeneraciones y caricaturas, algunas de las cuales continúan aún vigentes entre los judíos religiosos ortodoxos más tradicionales, que, por ejemplo, no pueden encender la luz eléctrica en sábado o dar cuerda al reloj por considerarlo un trabajo.

El espíritu de la ley del sábado era muy positivo. Se trataba de prohibir toda actividad que impidiera dedicar el día del Señor a la oración y a la meditación. Ni siquiera estaba permitido cocinar para no restar tiempo a las actividades del espíritu. Por eso se cocinaba el día anterior. Algo parecido debía ser, en realidad, el descanso del domingo para los cristianos, copiado, sin duda, de las costumbres judías, pero que ha acabado degenerándose, llegándose al absurdo de que a veces el domingo se trabaja más que otro día o se hace de todo menos dedicarse al espíritu. Hoy Jesús arremetería, sin duda, contra el domingo, como antaño lo hizo contra el sábado judío.

En el tiempo de Jesús también los saduceos habían llevado el descanso sabático a tales extremos de rigidez que si a un pobre campesino se le caía en un pozo su burro, que era su única riqueza, tenía que dejarlo morir, no pudiendo sacarlo, ya que ello suponía trabajar. O si alguien tenía hambre en sábado, como les ocurrió a Jesús y a sus discípulos, no podía recoger espigas del campo para saciarla. De ahí el que ya existieran entonces cerca de cuarenta excepciones a la regla, para evitar algunos absurdos defendidos por los saduceos.

Jesús, pues, no fue un judío iconoclasta que arremetiera contra la religión de sus padres y de su pueblo, sino contra las exageraciones de los puritanos de aquel tiempo, que ponían —como hacen hoy no pocos cristianos— los preceptos jurídicos de las leyes sobre el espíritu que ellas representaban, sometiendo así a ellas la conciencia de las personas.

7

¿Era Jesús un poeta?

Hay una faceta en la personalidad de Jesús de Nazaret de la que nunca hablan explícitamente los evangelios, pero que se palpa en todas sus páginas: su talante poético. Una visión poética de la vida y de las cosas, y hasta de los sentimientos, aparece reflejada en las parábolas, en las alegorías, en las comparaciones y, en general, en sus dichos y en una visión general de los acontecimientos.

Hay en el personaje judío de Galilea mucha ternura, al mismo tiempo que una gran fuerza temperamental. Si el poeta es quien sabe expresar con palabras el sentido oculto de las cosas y los sentimientos más escondidos del ser humano, Jesús fue un gran poeta. Yo diría que más poeta que místico, aunque místico también lo era, en el sentido de saber conectar fácilmente con las fuentes de lo divino, con las experiencias religiosas más profundas.

La poesía está presente en toda la literatura judaica y rabínica. La Biblia, en su mayor parte, está escrita en verso. Todos los grandes profetas del Antiguo Testamento fueron gigantes en el arte de la poesía. Una poesía tierna, a veces, como la del libro del Cantar de los cantares, o profunda, desgarradora y de denuncia, como en los profetas Isaías y Jeremías. O de nostalgia y esperanza, como la de los Salmos.

Toda la historia de Israel, sus dramas, sus contradicciones, sus pasiones, sus profecías, y hasta sus mismas persecuciones, son como un gran poema escrito sobre las piedras de sus lamentaciones. Son los quejidos desesperados de petición de ayuda al Dios en quien confían y del que se ven abandonados. Hay quien asegura que los lamentos profundos del flamenco más puro no son otra cosa que las huellas musicales de la angustia de los judíos dispersos y humillados.

Jesús era profundamente judío. Tenía alma judía. Conocía la historia dolorosa de su pueblo. Fue un poeta intuitivo a quien ni los discípulos más cercanos lograron entender a fondo. Se les escapaba de las manos. Jesús, con el clásico humor judío, se divertía diciéndoles que les hablaba en parábolas «para que no entendieran».

La sensibilidad del tacto

Jesús, poeta, tenía una visión poliédrica de las cosas. La suya era no la inteligencia del intelectual, sino la de la sabiduría del campesino. Nunca escribió nada en su vida. O, por lo menos, nada de lo por él escrito ha llegado hasta nosotros. Pero de lo que de él se ha filtrado a través de los pliegues de los evangelios se deduce que hubiera podido ser un gran poeta o un gran artista plástico. Porque sus dichos y parábolas están cuajados de imágenes y de metáforas, dos cualidades indispensables para un poeta de raza.

Poseía una gran capacidad de crear imágenes y una sutil sensibilidad que le llevaba a distinguir sólo por el tacto los sentimientos de los que se acercaban a él. Existe una anécdota muy curiosa a este respecto. La cuenta el evangelista Lucas: «Al volver Jesús todos le recibieron con alegría, pues le estaban esperando. Llegó uno de los jefes de la sinagoga, llamado Jairo, que se echó a sus pies y le rogó que fuera a su casa porque su hija única, de doce años, se estaba muriendo. Mientras Jesús iba hacia allí, la gente lo apretujaba. Una mujer, que padecía hemorragias desde hacía doce años y que había gastado en médicos toda su fortuna sin que ninguno pudiera curarla, se acercó por detrás, tocó la orla de su manto e inmeditamente cesó la hemorragia. Jesús preguntó: "¿Quién me ha tocado?", Pedro respondió: "Pero si todos te están apretujando". Jesús le dijo: "No, alguien me ha tocado porque he sentido que de mí salía una fuerza". La mujer, al verse descubierta, se acercó temblando y se postró a sus pies».

Este episodio debe pertenecer a una tradición antigua, dado el asombro con el que lo debieron de contar los mismos apóstoles a los primeros cristianos. La sensibilidad de Jesús había advertido que el tacto de la mujer que le había rozado su manto, no era un apretujón más de la gente que se le acercaba con entusiasmo. Había sido un contacto especial, que su sensibilidad entendió enseguida. Aquí lo que menos importa es el milagro. Lo que es sugerente es la capacidad del profeta para entender que alguien se le había acercado con sentimientos diferentes a los demás.

No fue el poeta de la cruz, sino de la vida

Cuentan que Jesús no soportaba ver a nadie sufriendo: enfermos, ciegos, paralíticos, leprosos, endemoniados, etc., y que por ello «curaba a todos». Jesús no pertenecía, pues, a la futura teología de la cruz que le elaborarían algunos de sus sucesores, a pesar de que sus hechos y sus palabras lo condujeron indefectiblemente al patíbulo. No era de los que pensaban que el sufrimiento humano es algo maravilloso, que salva y redime por sí mismo.

Era radical, severo, despojado, no tenía casa donde dormir y predicaba el desapego de los bienes en favor de la libertad de espíritu. Pero su talante no era victimista. Era un poeta de la vida y de las cosas. Le acusaban de que no imponía ayunos ni sacrificios corporales a sus discípulos, como lo hacía Juan Bautista. A él le gustaba disfrutar de las pequeñas cosas de la vida sin correr detrás del dolor. Por eso les respondía que sus seguidores ya iban a tener tiempo de sufrir, ya que la vida no es ninguna fiesta. Como diciendo que no es preciso buscar el dolor, pues ya se encarga él de encontrarnos.

De ahí el que fuera tan laxo con una de las prescripciones más sagradas de los judíos: la del descanso sabático, el día de la semana en el que un judío no puede hacer nada que suponga esfuerzo. Un día que los apóstoles estaban con hambre en día de sábado les permitió recoger espigas en el campo para alimentarse con ellas. Los judíos ortodoxos se horrorizaron. Y a quienes le recordaban que en sábado no se podía realizar actividad alguna les respondía que Dios había creado el sábado al servicio del hombre y no el hombre al servicio del sábado.

Tan poco se preocupaba de aparecer como asceta y hombre de sacrificios, que llegaron a acusarle de borracho y comilón porque no desdeñaba compartir mesa y mantel con sus amigos, algunos de ellos fariseos ricos. Le gustaban los placeres sencillos de la vida.

Todas sus comparaciones estaban tomadas de los fenómenos de la naturaleza, de la que, como buen poeta, era gran observador y amante. Y así, a quienes se preocuban con exceso del futuro, de qué iban a comer y de cómo se iban a vestir, les exhortaba a contemplar los lirios del campo, que no tejen y están siempre vestidos de luz, y los pájaros del cielo, que no siembran ni recogen y, sin embargo, nunca les falta de comer.

Es posible que el famoso milagro de las Bodas de Caná, en las cuales, según el evangelista Juan, Jesús transformó el agua en vino para no abochornar a los novios, a quienes se les había acabado la bebida, no sea histórico y esté contado en función de demostrar su mesianidad. Pero el mero hecho de haberlo introducido el evangelista demuestra que sabía que a nadie de los primeros cristianos le hubiese extrañado, ya que estaban acostumbrados a la imagen, transmitida por los apóstoles, de un Jesús que asistía sin problemas a las bodas de sus parientes y amigos, bodas que aún hoy entre los judíos son una auténtica fiesta, una explosión de felicidad donde todo el mundo debe estar feliz y donde no pueden faltar los cantos, las danzas y la alegría que produce el buen vino.

Del mismo modo, sea o no histórica la famosa institución de la Eucaristía, que algunos atribuyen más bien a una creación posterior del apóstol Pablo, lo cierto es que a sus discípulos no les parecía nada raro que el rito más importante del cristianismo, celebrado desde hace dos mil años en recuerdo del Maestro, sea una comida ritual en la que los elementos principales, que simbolizan el cuerpo y la sangre de Cristo, sean el pan y el vino, que tiene poco de mítico y mucho de poesía agraria.

SU POESÍA ERA RURAL Y NO URBANA

Y es que, en efecto, la cultura de Jesús era rural, no urbana, aunque había seguramente estado varias veces en Jerusalén. Habiendo pasado su infancia y posiblemente su juventud en una aldea de campesinos de Galilea, en Nazaret, conocía a la perfección los ciclos de la naturaleza y sus estaciones. Había visto nacer de cerca a los animales y recoger los frutos del campo. Por eso conocía la diferencia entre el trigo y la cizaña. Por eso habla en sus parábolas de los viñadores, de los pastores y sus ovejas y del ternero preparado al fuego para festejar la vuelta del hijo pródigo. Y sabía muy bien que las puestas de sol con grandes arreboles estaban anunciando buen tiempo para los labradores.

Conocía las tempestades sobre el lago de Tiberiades, los atuendos de la pesca y de la labranza. Entendía de semillas, como la de la mostaza, de la que decía que era la más pequeña de las que existen. Y entendía de la levadura que se necesita para hacer crecer el pan, que habría visto hacer mil veces a su madre y que probablemente él mismo sabía hacer.

Los detalles de ternura del profeta judío con los enfermos, con las prostitutas, con los niños, con los más marginados de la sociedad eran infinitos. Su aptitud para tratar con todas las categorías más rechazadas por los aposentados de su tiempo es como un gran poema fácil de leer en sus ojos. La parábola del dracma perdido, la de la viuda pobre del Templo, su defensa de la prostituta que quebró un rico frasco de esencias para perfumar sus pies de profeta itinerante, al igual que la rabia con la que arrojó a los mercaderes del Templo que estaban convirtiendo la casa de Dios en una cueva de ladrones, son como otras tantas poesías escritas sobre la piel de su corta vida.

¿Y qué son sino una poesía las bienaventuranzas, ese desafío a todas las convenciones de la historia, en las que se profetiza que los que lloran serán félices, como también los que padecen hambre y persecución, los que aman más la paz que la guerra, los humillados y no los poderosos, porque al final serán ellos los consolados, los saciados y los exaltados? ¿No es esta poesía lo opuesto al gran poema

108

de todos los tiempos en el que se envidia y admira a los ricos, a los hartos, a los violentos, a los fuertes y a los que ríen y son capaces de adueñarse del mundo con la fuerza? ¿No son las bienaventuranzas la poesía que siempre añoraron escribir y declamar todos los parias de la historia? ¿Y la oración del Padrenuestro? ¿No es la gran poesía que revoluciona la imagen tradicional del Dios vengador y juez implacable, para arrodillarse ante un Dios padre que a quien le pide pan y perdón no le da un escorpión, sino que le ofrece compasión y esperanza? Y también pan, pan real, amasado al horno, para que nadie tenga hambre sobre la tierra.

JESÚS ESCRIBIÓ UNA POESÍA PARA SALVAR LA VIDA A UNA MUJER ADÚLTERA

Se ha dicho siempre que Jesús no escribió nada de su puño y letra. En realidad, no es cierto. Lo hizo por lo menos una vez. Escribió unas palabras misteriosas sobre el polvo de las losas de la entrada al Templo. La escena narrada en el evangelio de Juan ocurrió cuando un grupo de doctores de la ley le llevaron a una mujer sorprendida en adulterio. Era al amanecer. Y para provocar al profeta que tenía fama de ser excesivamente comprensivo con los pecadores, sobre todo con las mujeres y prostitutas, de quienes llegó a decir que en el cielo estarían mejor situadas que los doctores de la ley, le dijeron: «Maestro: esta mujer ha sido sorprendida en flagrante adulterio. En la Ley, Moisés mandó lapidar a estas mujeres. Tú, ¿qué dices?». El evangelista comenta: «Decían esto para probarlo y tener de qué acusarlo». Querían tenderle una trampa. Jesús toma tiempo antes de responder a la provocación. Ciertamente no iba a permitir que aquella mujer adúltera, arrojada como un saco de pecado a sus pies, fuera condenada a la horrible pena de muerte de la lapidación pública. ¿Qué hace? Se agacha, y con el índice de su mano derecha se pone a garabatear unas palabras sobre el polvo. Los hombres que estaban de pie y no podían ver lo que estaba haciendo se ponen nerviosos e insisten en su pregunta. Entonces Jesús se pone de pie y, mirándoles a los ojos, les dice: «Quien de vosotros esté limpio de culpa que empiece a arrojar la primera piedra contra esta mujer». Al oír estas palabras, cuenta la narración evangélica, «se fueron uno tras otro, empezando por los más viejos». Jesús entonces volvió a agacharse y siguió escribiendo sobre el polvo. Después volvió a levantarse y, aunque el evangelio no lo cuenta, debió pedir a la mujer que se levantara también. Y, viendo que se habían ido todos sus acusadores, le preguntó: «¿Dónde están, mujer? ¿Nadie te condena?». Y ella contestó: «Ninguno, Señor». Jesús entonces le dijo: «Pues yo tampoco lo hago».

Lo que Jesús escribió sobre las losas del templo, ¿estaba dirigido a los acusadores de la adúltera o a la mujer amedrentada echada a sus pies? Nadie lo sabrá. O, mejor, sí. La única que pudo leer aquellas palabras, borradas enseguida por las pisadas de los fieles que empezaban a acudir al templo, fue la mujer con la cara pegada al suelo. Y aquellos versos, los únicos escritos por el profeta de Nazaret, murieron para siempre dulcemente sepultados en el corazón de la mujer. No sólo lo que Jesús escribió sobre aquellas losas del templo judío, sino toda la escena de la mujer adúltera es un poema de compasión y de condena de la hipocresía.

He aquí cómo la primera vez que Jesús, el profeta maldito, escribió en su vida —¿sería una poesía?— fue para salvar la vida de una mujer condenada a la horrible muerte por lapidación al ser sorprendida en adulterio. Y eso en un contexto histórico en el que la mujer era la gran ignorada de la sociedad, a la que ni siquiera se le podían enseñar las Escrituras.

EL ÚLTIMO VERSO DESGARRADOR DESDE LA CRUZ

Jesús acabó su vida dando un gran grito mientras agonizaba colgado de un madero como un malhechor cualquiera, encarándose con Dios, su Padre, por haberlo abandonado a su suerte. Aquel grito de «Dios mío, ¿por qué me has abandonado?» parece ser uno de los pasajes más ciertos de la narración de la pasión, ya que tenía que ser inconcebible para los primeros cristianos ver a Jesús, a quien consideraban como al Hijo de Dios, desesperado y abandonado en la hora suprema y dolorosa de su muerte.

Y, sin embargo, aquel grito fue el verso más realista y dramático del poeta judío que acabó arrastrando a su fe a miles de millones de hombres y mujeres a lo largo de la historia. Porque es el grito de la humanidad doliente ante la desesperación de no entender el enigma de la vida; el grito de todos sus compatriotas los judíos en los viles campos de exterminio; el grito de cuantos se sienten injustamente humillados por el poder o la avaricia de los dominadores. El grito de todos los torturados por las dictaduras; el de las madres que lloran a sus hijos inútilmente sacrificados en las guerras; el grito que sale de todos los manicomios del mundo ante el misterio desesperante de la psique torturada; el grito de dolor de cuantos mueren sin saber por qué mueren. El grito de miedo de cada recién nacido ante el misterio de la nueva vida.

Aquel grito de terror del profeta judío, abandonado por su Dios, es el verso desesperado que el ser humano tiene alguna vez que pronunciar a lo largo de su vida. Quizás aquel grito de Jesús sirvió, si no para dar sentido, sí para aliviar todos los otros gritos de pavor de la frágil humanidad que sigue preguntándose, sin obtener respuesta, para qué sirve tanto dolor inútil desparramado por el mundo. Y por qué los inocentes suelen ser siempre los más perseguidos y sacrificados por el poder.

8

¿Quiénes mataron a Jesús?
¿Fueron los judíos o los romanos?

¿Mataron a Jesús los judíos o los romanos? Es una pregunta que se plantea la Iglesia Católica cada vez con mayor interés y preocupación, al descubrir, con la nueva línea de diálogo ecuménico entre cristianos y judíos, que de la respuesta a esa pregunta dependieron siglos de desentendimiento, rencores, odios y persecuciones entre Roma y Jerusalén.

Es evidente que, ya desde muy temprano, casi desde el siglo II d.C., todo convergió para descargar exclusivamente sobre los hombros de los judíos del tiempo de Jesús el peso del proceso, la tortura y la condena a muerte de cruz del gran inocente de la historia. La Iglesia necesitó muchos siglos —prácticamente hasta la llegada de Juan XXIII al trono de Pedro a mediados del siglo XX— para borrar de sus libros litúrgicos de Semana Santa la horrible frase en la que los cristianos rezaban cada viernes santo «por los pérfidos judíos».

Como ha escrito recientemente el escritor judío Amos Oz, «la Iglesia Católica, durante milenios, se dedicó a calificar a los judíos de asesinos de

Dios». Cuenta el escritor que cada vez que preguntaba a sus tías algo sobre Jesús respondían que era mejor hablar «de cosas más agradables», y que el tema provocaba las mismas reacciones de nerviosismo que cuando se hablaba de sexo. Y cuenta también su conversación en un tren con unas monjitas católicas que, al saber que el escritor era judío, le preguntaron: «¿Pero cómo pudieron ustedes hacer lo que hicieron con Jesús si él era tan bueno?». Se sobreentendía que Jesús había sido bueno y los judíos malos matando a un hombre bueno como él.

Sería injusto decir que esa visión negativa que de los judíos fue inoculando la Iglesia a través de los siglos por haber sido los asesinos de Jesús fuera la causa única que llevó a la persecución en masa de los hebreos y que acabó en el infierno de los hornos crematorios y en el nuevo gólgota de los campos de concentración. Pero, sin duda, tuvo que ver, por lo menos subliminalmente, con esa pasividad que una parte de la Iglesia y de los cristianos demostraron ante semejante horror nazi. Porque el nazismo y la persecución de los judíos tuvo lugar dentro de la sociedad y la cultura fundamentalmente cristianas y no en otros lugares de la tierra dominadas por otras creencias y culturas religiosas.

Le condenaron a muerte los romanos

Hoy, sin embargo, además de ser más conscientes de que los judíos de hoy nada tienen que ver con lo que pudieran haber hecho o no los contemporáneos del tiempo de Jesús —como tampoco tienen culpa los españoles y portugueses de hoy de los horrores cometidos por los conquistadores de Iberoamérica contra los nativos de aquel continente—, todos los estudios más serios están desembocando en la convicción de que a Jesús lo condenaron a muerte y ejecutaron no los judíos, sino los romanos, que en aquel tiempo ocupaban la tierra de Palestina.

A dicha conclusión ha llegado en su obra magistral *Sobre el proceso de Jesús* Paul Winter, sin duda el mayor experto mundial en este campo, tras haber analizado con puntillosa escrupulosidad todo lo que se refiere al proceso sufrido por Jesús, a las razones por las que fue llevado a la cruz y a los autores de la sentencia a muerte, distinguiendo entre lo que puede haber de literatura y de histórico en los relatos evangélicos y buceando al mismo tiempo en la historia no cristiana del tiempo de Jesús.

De las fuentes históricas no judías se sabe, por ejemplo, que la crucifixión, la pena de muerte a la que fue condenado Jesús, no pertenecía a las diferentes maneras que los judíos tenían de infligir una sentencia capital. Los judíos mataban por lapidación o apedreamiento, con fuego y por decapitación. Y sólo más tarde —de hecho, no figura en la Biblia— fue introducida una cuarta forma de ejecutar: el estrangulamiento. Sobre esta forma tardía de ejecutar se ha especulado mucho. Parece ser que fue introducida cuando algunos grupos judíos empezaron a creer en la doctrina de la resurrección de los muertos con los mismos cuerpos que tuvieron en vida.

Para ello les parecía que el ejecutado por estrangulamiento iba a llegar a la resurrección menos mutilado en su cuerpo que, por ejemplo, los muertos por apedramiento, quemados o decapitados.

Por tanto, si Jesús hubiese sido condenado a muerte por los judíos —afirma Winter y tantos otros especialistas—, sin duda, no hubiese sido condenado a la pena de la crucifixión, que era la forma que los romanos de aquel tiempo infligían a los rebeldes políticos, sino a una de las formas de muerte adoptadas por las autoridades judías.

Es verdad que para obviar esta dificultad los que defienden que Jesús fue condenado a muerte por los judíos alegan un texto del historiador Flavio Josefo, según el cual parece ser que en tiempos de Antíoco Epifanes los judíos eran condenados a la crucifixión por motivos religiosos. Pero, como bien ha analizado Winter, lo que ocurría es que los judíos conocían la práctica de la crucifixión adoptada por los romanos a veces en masa, pero que ellos nunca la usaron como instrumento de condena a muerte.

Otros han confundido la práctica de los judíos de colocar el cuerpo de un ejecutado, una vez fallecido, sobre un palo o sobre un árbol para que pudiera ser visto por todos como escarmiento, con la práctica de la crucifixión como tal, que era una cosa muy distinta. De hecho, las fuentes rabínicas hacen una distinción entre la pena de la crucifixión (la suspensión de una persona viva, de la que habla Flavio Josefo) y la exposición de los cuerpos de los condenados al apedreamiento. De la primera, las fuentes rabínicas indican que era el tipo de muerte «en conformidad con la práctica penal romana». Precisamente el autor del comentario de Nahum, del tiempo de Antíoco IV, menciona con repugnancia la práctica de los romanos de «suspender hombres vivos», práctica de la que dice que «nunca se había hecho antes en Israel».

¿POR QUÉ LOS EVANGELIOS NO CUENTAN LA VERDAD HISTÓRICA SOBRE LA PASIÓN?

Lo curioso es que no se pueda deducir con certeza de las narraciones de los cuatro evangelistas una verdad clara sobre quiénes y por qué mataron a Jesús, pues, sin duda, el punto más álgido de la vida de Jesús fueron su detención, el proceso a que fue sometido tras su captura, las torturas sufridas, la condena a muerte de cruz y la ejecución de la sentencia.

De estos episodios hablan con gran prolijidad los cuatro evangelios, mientras algunos de ellos nada nos dicen, por ejemplo, de su nacimiento y de su infancia. Hay quien ha llegado a ver en la narración de la pasión y muerte de Jesús la verdadera finalidad de los evangelistas, siendo todo el resto una especie de simple introducción a estos episodios. De ahí el que no se hayan preocupado de contar muchos otros episodios de su vida que hubiesen sido históricamente muy importantes, mientras de su muerte lo cuentan todo con pelos y señales.

Tanta información sobre la pasión y muerte de Jesús no es de extrañar, ya que es fácil pensar que, para sus primeros seguidores, el desenlace inesperado y cruento de la vida del profeta que les había prometido implantar en la tierra un reino de prosperidad y de libertad tuvo que ser un drama enorme. De repente todo se les desplomaba como un castillo de naipes, viendo a su Maestro morir vilmente clavado a un madero como un malhechor cualquiera, sin que Dios moviera un dedo para impedirlo. Y tuvieron miedo. Y huyeron y se escondieron temiendo acabar también ellos sacrificados.

Todo haría pensar, por tanto, que por lo menos de aquellos relatos de la pasión y muerte de los que fueron testigos los apóstoles se debería haber conservado un recuerdo histórico vivo y que nos habrían transmitido los hechos con absoluta objetividad.

Pues no. Tampoco los cuatro relatos sobre la prisión, el proceso y la condena a muerte de Jesús son documentos históricos, según los cánones modernos de la historicidad. Los cuatro evangelistas que los narran tuvieron mayor preocupación en hacer coincidir las antiguas profecías de la Biblia con lo ocurrido en la pasión de Jesús que en contarnos cómo ocurrieron de verdad los hechos. Del mismo modo que se preocuparon más de filtrar los hechos para acomodarlos a las necesidades de las primeras comunidades que de su veracidad histórica. ¿Eso por qué?

Cuando fueron redactados los evangelios —no antes de cuarenta años después de la muerte de Jesús y algunos hasta sesenta y setenta años más tarde— por autores que ya no habían conocido a Jesús y, por tanto, no habían sido testigos oculares de los hechos, existían ya disputas muy fuertes entre las primeras comunidades sobre los nuevos rumbos del cristianismo primitivo que se había abierto ya a los gentiles y que se veía perseguido por los romanos, al mismo tiempo que se iba alejando cada vez más de sus raíces judías.

Todo eso estuvo muy presente a la hora de escribir los evangelios y, concretamente, los episodios de la pasión y muerte de Jesús. Los relatos denotan la disputa sobre quiénes habían sido los verdaderos responsables de aquella muerte, si los judíos —que habían vuelto a perseguir a los primeros cristianos que estaban llevando las enseñanzas y la fe de las primeras comunidades formadas exclusivamente de judíos, a otras gentes fuera de Israel— o los romanos —que estaban persiguiendo a la nueva secta de origen judío, al mismo tiempo que empezaban a interesarse por ella.

Sólo así se explica que de alguno de los episodios de la pasión puedan existir en los evangelios hasta siete versiones diferentes. Y es que, como escribe Winter, «los evangelistas escribieron sus narraciones con finalidad religiosa y no histórica. Ellos no pretendieron dejarnos un documento de investigación histórica, sino más bien comunicarnos un mensaje religioso». De la misma opinión es Martin Dibelius, quien recuerda que no existieron testigos oculares del interrogatorio hecho a Jesús durante el proceso que lo condenó a muerte.

Ni siquiera el evangelio de Marcos, considerado el más antiguo y que podría suponerse que es el más cercano a los hechos, ya que debería ser el menos contaminado por las disputas entre judíos y nuevos cristianos, se puede considerar un documento histórico. Según C. Kingsley, «la tradición que llega hasta el evangelista ya era una tradición interpretada» y, por tanto, filtrada por la fe.

¿PODÍAN LAS AUTORIDADES JUDÍAS CONDENAR A MUERTE EN TIEMPOS DE JESÚS O ERA UNA PRERROGATIVA SÓLO DE LOS ROMANOS?

Sin embargo, sería imposible negar que existen en los cuatro evangelios, considerados en su conjunto, y a pesar de las contradicciones y divergencias evidentes que presentan a la hora de contar un mismo hecho, algunos episodios históricos sobre el proceso y la condena a muerte de Jesús. Lo difícil, también en este caso, como en el resto de los evangelios, es poder distinguir entre lo que pertenece a la historia y lo que está escrito en función de la interpretación religiosa de los hechos.

Como ejemplo basta recordar que los tres evangelistas sinópticos (Mateo, Marcos y Lucas) afirman que el proceso y la condena de Jesús llegaron sólo tras un año de predicación pública, durante el cual el profeta estuvo sólo una vez en Jerusalén, mientras que el cuarto evangelio, el de Juan, dice que Jesús predicó durante tres años y que cada año iba a Jerusalén en las festividades de la Pascua. ¿Quién dice la verdad?

Según algunos de los relatos evangélicos, los episodios que van desde que Jesús fue detenido hasta que fue clavado en la cruz duraron apenas veinticuatro horas, mientras que, según lo narrado por otros evangelistas, hubiesen sido necesarios varios días. Y hasta hay autores que defienden que todo el proceso pudo durar varios meses e incluso un año entero, durante el cual Jesús pudo haber sido interrogado varias veces y por diferentes autoridades tanto judías como romanas.

Por lo pronto, algunas de las narraciones de los evangelistas están en contraste con las leyes y costumbres judiciales de aquel tiempo. Pero, por desgracia, tampoco las fuentes no cristianas de la época son excesivamente claras sobre cómo funcionaba la justicia en tiempos de Jesús cuando Palestina estaba bajo la ocupación romana.

Una cuestión fundamental es saber si, por ejemplo, los tribunales judíos mantenían entonces el poder de condenar a muerte por delitos religiosos, como la blasfemia. Parece ser que hoy es imposible conocer con absoluta certeza tal cuestión que sería fundamental para saber quién decidió la condena a muerte de Jesús.

Por lo poco que conocemos parece ser que, en Judea, los tribunales judíos, en tiempos de Jesús, mantenían una cierta autonomía en asuntos legales, exceptuados los casos de crímenes políticos, que estaban reservados a las autoridades romanas. Existía un compromiso, por parte de Roma, de no mezclarse ni intervenir en los asuntos meramente religiosos de los judíos bajo la ocupación romana.

Según el evangelio de Marcos, Jesús fue condenado por el Sanedrín, es decir, por el alto tribunal judío, por el delito de blasfemia. El Sanedrín habría decretado que Jesús debía morir. Ahora bien, aun en el caso, no cierto, de que el Sanedrín mantuviera entonces el poder de condenar a muerte, está claro que el delito de blasfemia se castigaba con la pena del apedreamiento y nunca con la crucifixión, destinada, como se ha dicho, a los casos de rebeldía política e infligida por los romanos. Pero si fue condenado por blasfemia y el Sanedrín —que lo consideraba digno de la pena de muerte— tenía poder para condenarlo, ¿por qué lo envió a Pilatos, la autoridad romana que no juzgaba los casos de rebeldía religiosa? Ni se entiende por qué Jesús fue condenado a muerte por Pilatos si ya había sido condenado por el Sanedrín.

Sin duda, la narración de Marcos tiene todos los visos de no ser histórica. Y la pregunta es con qué intenciones crea Marcos esa historia. Lo más seguro es que Marcos, que escribió su evangelio en Roma, donde los cristianos estaban perseguidos, no quisiera echar sobre las autoridades romanas el peso de la condena a muerte de Jesús y decidió que lo había condenado ya el tribunal judío. Para ello Marcos inventa la sesión de un interrogatorio nocturno en casa del Sumo Sacerdote, cuando es sabido históricamente que el Sanedrín nunca se reunía en casa del Sumo Sacerdote. De hecho, ni el evangelista Lucas ni Juan hablan nunca de un proceso a Jesús ante el Sanedrín en el que se le condena a muerte.

¿Es cierto que Jesús fue cruelmente torturado antes y después de la condena a muerte, según afirman algunos evangelistas? También sobre este episodio existen serias dudas. Se sabe que no existían tales torturas antes de la condena a muerte. Lo que existía en aquel tiempo era la costumbre de que, una vez el reo había sido condenado a muerte, los soldados romanos se permitían burlarse de la víctima según viejos rituales antiguos, por ejemplo, vistiéndola de payaso o de rey. La narración sobre sus torturas podría ser fruto, por lo menos en parte, como en otros episodios de la pasión, del deseo de hacer coincidir las profecías bíblicas, que decían que el futuro Mesías iba a ser escarnecido y torturado, con la historia de Jesús. Pero tampoco tenemos certeza de dicho hecho.

Tampoco existe unanimidad sobre quiénes ejecutaron la detención de Jesús en el Huerto de los Olivos. Según los sinópticos, Jesús fue detenido por una multitud armada «por orden de los jefes de los sacerdotes, de los escribas y de los ancianos». Al revés, el evangelista Juan escribe que Jesús fue detenido por una cohorte de soldados romanos. Ahora bien, parece extraño que el evangelista Juan, que es quien manifiesta en su narración sentimientos más antijudíos y que escribió conociendo ya los otros evangelios, se haya podido inventar, corrigiéndolos, que lo detuvieron soldados romanos.

Lo más probable es que Jesús fuera detenido por soldados romanos tras una denuncia de los guardias del Templo que mandaron conducir a Jesús ante el Sanedrín, ya que la acusación que le hacían era la de arremeter contra la sacralidad del Templo de Jerusalén, es decir, una cuestión religiosa y no política. ¿Por qué entonces acabó acusado y condenado por un delito político y no religioso?

No sabemos por qué fue crucificado

No se conocen con certeza los motivos por los que Jesús fue crucificado. Partiendo del hecho que la crucifixión estaba reservada por los romanos para los crímenes políticos, todo hace pensar que fue acusado y condenado como rebelde. De hecho, una de las cosas que parecen ser más ciertas de todos los relatos de la pasión es la incripción que Pilatos mandó escribir sobre la cruz, según la costumbre del tiempo, para que todos supieran por qué el reo era crucificado.

Sobre la cruz de Jesús escribieron «Rey de los judíos». Es decir, que había sido condenado a aquella muerte tan atroz y humillante por haber afirmado que quería ser el Rey de los judíos, amenazando así al poder de Roma sobre Judea. Como ha afirmado Piñeiro, «la muerte de Jesús, a manos de los romanos, es un hecho histórico del que da testimonio incluso el historiador romano Tácito. Pero los motivos de la muerte de Jesús no fueron probablemente de índole religiosa, sino política. Jesús murió condenado por los romanos como un revolucionario político peligroso».

Y es que, como subraya el biblista español, para el gobernador de una nación ocupada militarmente, como era Palestina, era impensable dejar sin reprimir un movimiento mesiánico (baste recordar la entrada triunfal de Jesús en Jerusalén aclamado por la multitud), que podría conducir a un levantamiento contra Roma, como había ocurrido en otras ocasiones. La predicación de Jesús sobre un nuevo Reino para los judíos podría resultar explosiva.

Me doy cuenta que se trata de uno de los interrogantes más delicados de toda la historia de Jesús: saber quién le mandó crucificar y por qué motivos. Y seguramente nunca conoceremos toda la verdad de los hechos. Personalmente, aunque dije al principio de este libro que mi intención era más hacer preguntas que ofrecer respuestas, pienso a este respecto lo siguiente: Jesús era un profeta radical e inteligente que estaba empezando a hacer mucho ruido. Demostraba conocer muy bien las Escrituras y podía por ello discutir con los Doctores de la Ley, con los saduceos y los fariseos. No era, pues, un profetilla más de los que surgían de vez en cuando y que desaparecían con la misma velocidad con la que llegaban.

Jesús era diferente. Nunca dejó de profesarse judío y celoso de la ley y, al mismo tiempo, era tremendamente crítico con la religión fosilizada de su tiempo. Nunca se proclamó el Mesías ni Dios, pero quienes le seguían, y ante los prodigios que realizaba, sí lo sentían a veces como tal o lo deseaban. Y por más que él a veces protestase diciendo que no era él quien obraba los milagros, sino Dios, la gente y hasta los mismos apóstoles creyeron al pie de la letra que el nuevo Reino que él anunciaba era también un reino temporal y concreto que iba a devolver a Israel la libertad perdida. Y confiaron en él.

Jesús era más un profeta religioso que político. Lo que él predicaba era la purificación de la religión judía, la que había mamado desde niño. Creía en las profecías bíblicas, que anunciaban una nueva etapa espiritual en la que todos los hombres iban a ser más hermanos que lobos, en la que Dios iba a ser más padre que juez con los hombres y en la que cada ser humano tomaría conciencia de su propia dignidad como hijo de Dios, ya fuera leproso, prostituta o doctor de la Ley.

Para ello era necesario que sus contemporáneos tomaran conciencia de que había que acabar con las hipocresías de una religión que se había degradado y que los dirigentes religiosos usaban en beneficio propio. De ahí su condena contra la severidad del sábado y sus diatribas contra los negocios que la Iglesia de entonces hacía en el Templo, convertido en un mercado más que en un lugar de oración.

Pudo ocurrir que los que se sintieron heridos en sus intereses con su condena de los negocios realizados en el Templo, que Jesús llegó a calificar de «cueva de ladrones», lo denunciaran ante las autoridades religiosas. A éstas, más que los ataques hechos por Jesús a los abusos y excesos de la religión legalista, les debía preocupar el que Jesús estaba haciendo mucho ruido y que no aparecía claro si su predicación era puramente religiosa o también de carácter político y social.

No hay que olvidar que a las jerarquías judías las nombraba en aquel momento el poder romano. No querían, por tanto, enemistarse con el gobernador Pilatos, que no era, como lo presentan algunos evangelistas, un hombre bueno y débil que hizo todo lo posible para salvar a Jesús de los judíos que querían que muriera, sino un hombre duro y violento que imponía miedo a todos.

Estando así las cosas es probable que el mismo Pilatos les diese un toque a las autoridades del Sanedrín para saber qué estaba ocurriendo con aquel profeta demasiado seguido por la gente y del que se decía que quería proclamarse rey. Y es posible que las autoridades judías se amedrentaran conociendo el talante de Pilatos.

De ahí el que no sea difícil que ellas mismas hablaran con Jesús, se tratara o no de un verdadero proceso legal, para conocer mejor de su propia boca qué estaba pasando. Tras dichos interrogatorios debieron llegar a la conclusión de que difícilmente se podía condenar a Jesús por motivos religiosos —si es que el Sanedrín tenía ya poder para condenar a nadie—, ya que Jesús en ningún momento despreció ni ofendió a la religión judía, que era la de sus padres, sino que lo que pretendía era perfeccionarla y dar cumplimiento a las profecías de las Escrituras, que anunciaban días mejores para dicha religión, que podría incluso abrirse a otros pueblos.

En este punto es cuando pudo acontecer que el Sanedrín, por miedo a Pilatos, le mandara al profeta para que se encargara él de interrogarlo y de ver si era culpable de otro tipo de rebelión que no fuera la religiosa. Y a partir de ahí fue el poder romano quien quiso deshacerse del profeta incómodo condenándolo por haberse proclamado, según las acusaciones, Rey de los judíos. Por eso se ha podido afirmar, como ha hecho Tamayo, que, en definitiva, el proceso y condena a muerte de Jesús fue un gran error judicial, ya que fue llevado a la muerte como un rebelde político y revolucionario que pretendía sublevar a su gente contra el poder romano, cuando, en realidad, nunca había intentado tal cosa, ni su intención era la de autoproclamarse rey de los judíos, sino la de anunciar un reinado de paz y de respeto a todos, donde, finalmente, los más humillados fueran reconocidos en sus derechos y los más poderosos se pusieran al servicio de los más necesitados y olvidados por la sociedad. La suya pudo ser sí una revolución religiosa y social, pero no política, que es por la que le asesinaron.

¿Cuándo fue crucificado Jesús? Tampoco se sabe con certeza. Según el evangelista Juan, fue crucificado el jueves 14 de Nisán, el día antes de la fiesta de Pascua, que era el día más importante del año para los judíos. Por el contrario, Mateo, Marcos y Lucas sostienen que Jesús fue crucificado el viernes 15 de Nisán, el día de la gran fiesta que precedía a la Pascua. Pero lo más probable es que lleve razón el evangelio de Juan, pues hoy parece imposible que las autoridades judías hubieran permitido que un pleito ante el gobernador romano, que podía acabar con una condena a muerte, se celebrara el día festivo más importante de los judíos.

A pesar de los muchos cálculos que se han hecho tampoco ha sido posible calcular el año de la crucifixión de Jesús ni qué edad tenía el profeta a la hora de su muerte, que podía variar entre veinticinco y treinta y dos años.

9

Las hipótesis más inverosímiles
sobre Jesús

Sobre la vida de Jesús —precisamente porque se sabe tan poco de él— han nacido mil historias e hipótesis, hasta las más inverosímiles, como que no murió en la cruz y fue a vivir a la India, que fue un extraterrestre que salió de este mundo en una nave espacial y volverá en otra, o que es sólo el fruto del mito astral del Sol y de la Luna. Ninguna de estas hipótesis goza hoy de credibilidad entre los especialistas, pero son historias que no se pueden silenciar si se desea hacer todo el itinerario sobre lo que se ha dicho y escrito sobre el famoso profeta judío cuyo nombre ha dado vida a la Iglesia con mayor número de fieles en el mundo.

Antes de analizar la peregrina hipótesis de que Jesús pudo no haber muerto en la cruz y acabar sus días en la India hay algo que sí es necesario precisar, y es que podría ser cierto que durante los años de la llamada «vida oculta» del profeta, es decir, desde su infancia hasta su edad adulta, momento en el que se presenta en público para predicar un nuevo Reino y crea la comunidad de sus doce apóstoles, Jesús no permaneciera inactivo en su aldea de Nazaret, sino que viajara fuera de Palestina, llegando hasta Egipto e incluso hasta la India.

No existen pruebas que sostengan esta tesis, pero para muchos expertos sigue resultando por lo menos curioso el silencio de Jesús sobre esos dieciocho o veinte años de su vida joven de los que nada sabemos y de los que ni una palabra nos han transmitido ni los evangelios ni los documentos históricos no cristianos. ¿Es posible, se preguntan no pocos, que Jesús permaneciera tantos años trabajando como carpintero o peón de albañil con su padre José? Y en ese caso, ¿cómo se explica que al aparecer en público revelara tanta sabiduría, tantos conocimientos y conociera y practicara incluso los ritos de la magia de otros cultos que no pertenecían al judaísmo?

Jesús demuestra, en muchas ocasiones, conocer elementos de otras religiones y culturas, sobre todo orientales. A veces parece más un seguidor de las religiones egipcias o hindúes que del propio judaísmo, aun conociendo éste muy bien. ¿Pudo haber estado en contacto con los griegos? Se piensa, en efecto, que hablaba bien el griego, además del arameo y del hebreo. ¿Dónde lo aprendió? Por otra parte, no se puede olvidar que desde la diminuta Nazaret partían antiguamente las grandes caravanas hacia el exterior, a Damasco, por ejemplo.

¿Jesús se casó y murió en la India?

La posibilidad de que Jesús hubiera podido viajar durante los veinte años de su juventud por otros países sigue siendo una hipótesis sin pruebas históricas, pero no imposible. De ahí pudo nacer la idea de sus dos viajes a la India, primero como joven profeta y después para huir tras haberse salvado de la muerte de cruz. Esta segunda hipótesis, según la cual Jesús acabó su vida y murió en Cachemira, donde formó una familia y tuvo hijos, o la de que pudiera haber llegado de otro planeta o ser sólo una continuación del mito del Sol y de la Luna, de las religiones primitivas, pertenecen más bien al reino de la fantasía. Pero ¿cómo nacieron dichas hipótesis tan descabelladas?

La idea de que Jesús pudo haber vivido en Cachemira hasta su ancianidad pudo haber nacido de quienes no creyeron en el hecho de la resurrección gloriosa de su cuerpo. Hubo siempre gente que pensó que Jesús pudo haber sido bajado de la cruz aún vivo por sus discípulos y por sus amigas las mujeres, burlando a los soldados en la confusión de la fiesta de la Pascua.

Quienes defienden esta tesis se basan en los textos evangélicos, según los cuales Pilatos no quería condenar a Jesús, sobre todo después de que su mujer le dijera que intentara salvarlo, pues había soñado con él aquella noche. También contribuyó a crear esta leyenda el hecho de que había corrido la noticia de que Jesús había fallecido enseguida, mientras que los crucificados solían estar hasta días enteros vivos. Además, siendo al día siguiente sábado de Pascua, los cadáveres de los crucificados no podían permanecer en la cruz y había que bajarlos de ella.

¿Lo bajaron a Jesús aún vivo pudiendo salvarse? Los que así piensan imaginan que para huir de quienes habían querido matarle, Jesús habría huido a la India. Los que sostienen esta idea argumentan que sólo así se iba a cumplir la profecía de que Jesús tenía que llevar la Buena Nueva a las tribus perdidas de Israel. Ahora bien, sabemos que de las doce tribus de Israel, excepto las de Judá y Bejamían, que ocuparon el sur de Palestina, las otras diez acabaron en la diáspora tras haber sido absorbidas por el imperio persa, que fue expandiendo sus dominios por las tierras del Afganistán actual, así como por Pakistán y Cachemira.

Lo curioso es que, a pesar de tratarse de una hipótesis tan peregrina, en Srinagar, capital de Cachemira, existe desde hace casi dos mil años la tumba de Jesús, llamada «rozabal». Por lo menos se trata de un personaje que tendría todas las características de la vida y las enseñanzas de Jesús de Nazaret. Hasta existe un hombre llamado Basharat Saleem, que asegura ser el último descendiente vivo de Jesús. El arqueólogo Hassnain, director de los Archivos, Bibliotecas y Monumentos de Cachemira, ha estudiado desde hace años la posibilidad de que Jesús hubiese estado dos veces en India. Los estudios de este arqueólogo los ha analizado Andreas Faber-Kaiser en su obra *Jesús vivió y murió en Cachemira*.

Hassnain empezó a interesarse en la posibilidad de que Jesús hubiera estado en Cachemira tras haber descubierto la existencia de unos documentos de los que hablaban en su diario los misioneros alemanes Marx y Franke, que narraban la estancia de Jesús en la India y en las regiones de Tibet y Ladakh durante los años en los que los evangelios nada dicen de él: de los doce a los veintinueve años. De los famosos documentos había oído hablar Nicolai Notovitch, que a finales de la década de los ochenta del siglo XIX exploró el norte de la India. Llegado al monasterio budista de Hemis le contó al lama principal que había oído hablar de unos manuscritos importantes que contaban la historia de Jesús en la India, que al parecer estaban en la biblioteca de aquel monasterio y que deseaba consultarlos.

El personaje de Jesús, cuya historia coincide exactamente con la narrada en los evangelios, se llama en esos manuscritos Isa. Según esos escritos, Jesús vivió seis años en varias ciudades sagradas de la India, como Rajagriha y Benarés. Al principio era muy amado y enseñaba las Escrituras a aquellas gentes. Pero empezó a ser mal visto cuando se puso a predicar la igualdad de todos los hombres en un país donde las castas estaban muy enraizadas. Acabaron intentando matarle, pero consiguió huir, y se refugió en Gautamides, el país de Buda. Jesús, a los veintinueve años, volvió a Israel, donde comenzó su vida pública.

Sobre su segundo viaje a la India tras escapar de su muerte de cruz, en la que le habría acompañado, entre otros, su madre María, donde formaría una familia y tendría hijos, existen aún hoy muchas leyendas en la India, donde hasta se muestra la tumba de su madre.

Hay hasta quien cree que Jesús no apareció en este mundo en carne y hueso, sino que fue más bien un extraterrestre que bajó a la tierra en una nave espacial, siendo, en efecto, un comandante intergaláctico. Y que un día volverá en otra nave. De hecho, como afirma Josep Guijarro, muchos grupos de contacto ovni, diseminados por el mundo, han convertido a Jesús y a su mensaje de redención en el eje central de sus comunicaciones.

Jesús sería un extraterrestre que va a volver al mundo victorioso. Y ya en las Sagradas Escrituras existirían señales de esta visión de Jesús formando parte de un plan cósmico, como, por ejemplo, los carros de fuego, las columnas de humo, las nubes de fuego y los ángeles. Para ellos lo que en la Biblia se llaman ángeles serían extraterrestres. Y la famosa estrella vista por los magos al nacimiento de Cristo no sería más que una nave espacial que guiaba a los tres reyes magos. Dicho fenómeno sería muy similar al que vemos en casos de ovnis contemporáneos. ¿Cómo se explicaría si no, dicen estos defensores de la teoría del Jesús extraterrestre, que una estrella se moviera durante meses y después se quedara estática sobre la cueva de Belén?

También el episodio evangélico de la transfiguración ante los apóstoles Pedro, Santiago y Juan («y se transformó ante ellos, brilló su rostro como el Sol y sus vestidos se volvieron blancos como la luz») lo explican afirmando que era un fenómeno más del

Jesús extraterrestre, ya que coincide con algunas apariciones actuales de ovninautas.

Incluso el hecho de la resurrección es para los defensores de esta teoría una prueba contundente. Guijarro recuerda que en la Academia Conciliar de Moscú se encuentra un icono famoso titulado «La resurrección de Cristo», donde Jesús aparece en un receptáculo que recuerda una nave espacial de forma oval apoyada en el suelo. De su exterior emana un humo espeso que oculta los pies de los ángeles.

El mismo pantocrátor de la fachada de la Iglesia románica de Moarbes, en Palencia, se les antoja un Jesucristo encerrado en una cápsula espacial. Para los seguidores de estas teorías es fundamental la pregunta que Jesús hace a sus discípulos y que aparece en el evangelio de Marcos: «¿Vosotros quién decís que soy yo?». Como si Jesús mantuviera un secreto sobre su realidad, y quisiera saber si los discípulos la han adivinado o no.

Según los seguidores de las teorías del Cristo extraterrestre, Jesús subió al cosmos en una nave en el momento de su resurrección y volverá en su segunda venida en otra nave espacial en cualquier momento. Parece ser que ésta es la doctrina que corre no sólo entre ellos, sino también en las sesiones espiritistas de índole religiosa. De ahí que aparezcan en el mundo innumerables mensajes recogidos de otras galaxias que estarían anunciando esa segunda venida de Jesús, el Mesías judío, que ya no vendrá con una cruz debajo del brazo, sino que llegará glorioso entre nubes.

Para los iniciados, el Jesús extraterrestre está íntimamente ligado a la luz del Sol. Por eso para ellos es importante la afirmación que Jesús hace en el evangelio de Juan cuando dice: «Yo soy la luz del mundo». En *Cuadernos de Ufología*, Javier Sierra y Manuel Carballal explican un fenómeno ocurrido el 2 de febrero de 1988 en los cielos españoles que podría estar relacionado con la teoría de la inminente llegada de Jesús desde los astros. Sixto Paz afirma que recibió el siguiente contacto: «Nuestra labor se concentra en preparar con ustedes, los jóvenes de la tierra, la vuelta y el regreso de Cristo».

¿Es creíble que Jesús pueda volver al mundo en una nave espacial? Para muchos antropólogos ha sido la psicosis del miedo al nuevo milenio lo que ha hecho recrudecer todas las teorías más peregrinas sobre el fin del mundo y la segunda venida de Jesús. Para eso se ha llegado a pensar que la nueva Jerusalén, de la que habla el Apocalipsis, no sería otra cosa que una gran nave cósmica.

Una teoría sobre estas fantasías la ofrece el sociólogo norteamericano Andrew Greeley cuando dice que nuestras iglesias han acabado perdiendo todo el carácter mágico y misterioso que un día tuvieron, que ya no creen en los milagros, y que ese ambiente mágico lo han sustituido los ovnis y todas las teorías relacionadas con lo extraterrestre.

¿Qué decir de todas estas teorías? Como mínimo demuestran que la figura de Jesús de Nazaret ha quedado tan grabada en el subconsciente religioso y mítico de las personas, incluso las más alejadas de la Iglesia oficial, que ha llegado a inspirar hasta los fenómenos más alejados de la racionalidad y de la ciencia experimental. Jesús, por su carácter mítico y utópico, es un material flexible que ha servido siempre para impregnar incluso las ideas más fantásticas.

Sin quererlo fueron los mismos evangelios, con sus silencios sobre la verdadera personalidad de Jesús y con la escasez de datos históricos sobre su vida, los que han acabado alimentando las hipótesis más increíbles sobre aquel inquietante y, a la vez, dulce profeta de Galilea.

¿FUE JESÚS UN PRODUCTO CREADO CON ELEMENTOS DE LAS ANTIGUAS DIVINIDADES MITOLÓGICAS?

¿Y si Jesús fuera sólo un mito construido con elementos de las escatologías egipcias? Es lo que han sostenido, hasta finales del siglo pasado, no pocos estudiosos del mundo mítico, como Albert Churchward y Joseph Welles. Los defensores de la teoría mítica piensan que se trató de incorporar al personaje de Jesús —que no habría existido realmente— elementos de otros dioses o personajes religiosos mitológicos de siglos anteriores a él.

Para estos autores existen unas coincidencias interesantes entre el Jesús presentado por los cristianos y los personajes y dioses anteriores, como Horus, de Egipto; Mithra, de Persia, y Krishna, de la India. Todos nacen de una madre virgen. Horus y Mithra nacen también el 25 de diciembre. Todos hicieron milagros; todos tuvieron doce discípulos, que serían los doce signos del zodíaco; todos resucitaron y subieron al cielo después de su muerte. Horus y Mithra fueron llamados Mesías, Redentores e Hijos de Dios. Y Krishna fue considerado la Segunda Persona de la Santísima Trinidad y fue perseguido por un tirano que mató a miles de niños inocentes. Además, Krishna también se había transfigurado, como Jesús, ante los tres apóstoles predilectos, fue crucificado y ascendió a los cielos. Exactamente como el profeta de Nazaret. ¿Caben mayores coincidencias?, se preguntan.

Piensan estos adversarios de la historicidad del cristianismo y defensores del Jesús mítico que muchas cosas que aparecen en los evangelios no son otra cosa que traducciones judías de mitos egipcios. Así, en la resurrección de Lázaro (uno de los episodios al que se le atribuye poca credibilidad histórica en los evangelios) se trataría de aplicar a Jesús la historia de la momia de Al-Azar-us, del mito egipcio de Horus, ocurrida mil años antes del nacimiento de Jesús.

Del mismo modo, el enemigo de Horus era Sata, de donde saldría en los evangelios la teoría de Satanás y de los demonios. Horus, al igual que Jesús mil años más tarde, luchó también cuarenta días en el desierto contra las tentaciones de Sata, en una pugna simbólica entre la luz y la oscuridad.

Lo cierto es que algunas de las cosas que de Jesús cuentan los evangelios —y que son precisamente las que tienen menor credibilidad histórica— se prestan a alimentar la teoría de que Jesús es sólo fruto de una continuación de los dioses míticos de la antigüedad.

Jesús y las mitologías del Sol y la Luna

Una de las visiones míticas que se le atribuyen a Jesús es la de la lectura lunar y solar aplicada a las mayores deidades antiguas. Según dichas teorías, el Sol genera religiones y la Luna es quien crea la magia. Y así hubo pueblos que se guiaron religiosamente por la Luna y otros por el Sol. En los mitos antiguos, el Sol Hombre es parido por la Madre Noche, representada por la Luna, o por el Lucero de la Mañana, que se manifiesta con figura de mujer. Luna o Lucero se llama María, uno de los nombres más antiguos del mundo, como Madre del Espíritu. De ahí Maia o Maya, y más tarde Myriam, del que deriva el vocablo latino María.

Eso explica que, desde la más remota antigüedad, la noche del 24 al 25 de diciembre revista una sacralidad especial por ser la fecha del nacimiento del Sol. Por eso a los dioses de las antiguas mitologías se les hacía nacer el 25 de diciembre. Así ocurría con el dios Marduk, dios babilonio de origen sumerio, cuyo nombre significa «ternero del Sol». Así también con la divinidad Mitrha, la deidad táurica parida por una piedra sobre cuyo templo se levantó el Vaticano. Exactamente como los cristianos han hecho con el nacimiento de Jesús, cuya fecha en realidad se desconoce y que desde siglos se celebra el 25 de diciembre.

Los defensores del mito de Jesús como una prolongación del mito del Sol, que en las mitologías se confunde con la piedra, afirman que Jesús, como Hijo del Sol, surgió de un útero pétreo, que era la cueva de Belén (también uno de los episodios del evangelio con poca probabilidad histórica). Y que por eso, siendo Hijo del Sol-Piedra, acabaría dando al apóstol más importante el nombre de Piedra (Pedro), ya que los egipcios sostenían que piedra era igual a luz y que el Sol se encierra en la piedra. De ahí el nombre de las pirámides, cuyo equivalente en hebreo es «urrim-midim», que significa «fracciones de luz», y que se aplicaba a cada bloque de piedra empleado en la construcción de las pirámides y, a la vez, a la suma de todos sus bloques.

La mitología de la cueva-piedra asociada al Sol aparece en el nacimiento de Zeus, que nació de noche entre las paredes pétreas de una gruta, y su nombre procede de la raíz indoeuropea «div», que significar «sentir luz». También Manco Capac, el «inca rey de reyes», nació en una cueva, y su padre fue el Sol, como escribe el azteca Armando Carranza. Miles de mitos de divinidades antiguas repiten el patrón de un dios hijo del Sol y de la Luna enviado a la tierra con figura humana.

Si en la mitología antigua Jesús sería el Sol, María, su madre, sería la Luna. De ahí la importancia que la Iglesia iba a dar a la figura de María, a quien no convertiría en diosa, pero a la que permitiría ofrecer culto. Y al mismo tiempo de ahí la dificultad de la Iglesia en admitir al sacerdocio a la mujer, que, como en los mitos clásicos, debe sólo desarrollar el papel de la oscuridad de la noche y de la cueva, donde nace la vida. Sólo al Sol, a la divinidad masculina, le pertenece el brillo de la luz y, en definitiva, el poder.

JESÚS EXISTIÓ, PERO LO MITIFICARÍAN SUS DISCÍPULOS PARA NO SENTIRSE FRACASADOS

Existe, sin embargo, otra forma de entender la afirmación de que Jesús, más que una realidad histórica, fue un mito. Para éstos no es que Jesús no haya existido, lo que ocurre es que el Jesús que nos han transmitido los evangelistas no es el Jesús real, sino el fruto de una mitificación del personaje. Uno de los más radicales en este aspecto es el del racionalista ilustrado H. S. Raimarus, que vivió a caballo entre el siglo XVII y el XVIII. En su obra *De la pretensión de Jesús y de sus discípulos*, publicada de forma anónima en 1778, diez años después de la muerte del autor, Raimarus defiende que Jesús fue un mesías político que acabó fracasando y muriendo en la cruz. Sus discípulos, que habían creído en su mesianidad, robaron su cadáver y crearon el mito de la resurrección anunciando que iba a volver. Para ellos Jesús era el redentor que iba a salvar a la humanidad. Y a partir de ahí se crea el mito.

En otra línea se situó la famosa obra *Vida de Jesús*, de D. F. Strauss, publicada en 1835. Supuso una revolución. Para Strauss no era necesario que los discípulos de Jesús, para no sentirse fracasados, crearan el mito de Jesús. Acepta que obraran de buena fe y que creyeran en su resurrección y en las apariciones posteriores. Y explica el mito de Jesús como creado por la piedad popular. Fue una creación lenta que fue convirtiendo al Jesús real e histórico en un personaje completamente diferente, moldeado por la fe de las diferentes comunidades cristianas hasta convertirlo en la figura actual venerada por la Iglesia Católica. Para Strauss, que fue profesor en Tubinga, el Jesús actual es un personaje idealizado, mitificado por la fe, que probablemente nada tiene que ver con lo que representó en vida.

La tendencia actual de los mayores especialistas en asuntos de religión y de biblia es que los evangelios son, en realidad, una mezcla de elementos históricos y teológicos; que en las narraciones de los evangelistas están mezclados rasgos del Jesús histórico y del Jesús de la fe, y que poco a poco fueron haciéndose menos importantes los aspectos históricos para dar paso al Jesús interiorizado por los cristianos, unas veces con intenciones puramente de fe y religiosas y otras para adaptarlo a las exigencias de una religión que acabó siendo adoptada y usada por el poder. Y de ahí el que en los mismos evangelios existan retratos del Jesús histórico muy diferenciados, de los cuales nunca será posible saber cuál era el verdaderamente original.

10

Jesús, su familia
y su relación con el sexo

Una de las mayores dificultades al intentar penetrar en la vida y la personalidad de Jesús de Nazaret es su relación con la familia y con el sexo. Han sido siempre temas tabú de los que o no se ha querido hablar o se los ha tratado de forma apologética y poco seria. Pero también en este aspecto existen aún muchas preguntas sin respuesta.

Por ejemplo: ¿es verdad que Jesús tuvo una mala relación con su madre, María, su padre, José, y sus hermanos? ¿Es verdad que fue más bien un hijo rebelde con poco apego a la familia? ¿Es creíble que en la cultura judaica de su tiempo no hubiese formado una familia propia? Y en el caso de que hubiese sido así, ¿cómo vivió Jesús su sexualidad? ¿Es irreverente pensar, como hacen algunos, que pudiera haber tenido mayores inclinaciones hacia los hombres que hacia las mujeres? Un tema complejo, ya que por lo que aparece en los evangelios, si acaso, Jesús era más bien inclinado a tener muchas amistades femeninas, incluso con famosas prostitutas del tiempo, cosa mal vista en aquella sociedad para un profeta y predicador como él.

Sinceramente pienso que la hipótesis de las posibles tendencias homosexuales de Jesús tiene escaso fundamento. Quienes la han sostenido se agarran a la famosa frase del evangelista Juan, quien afirma que él era «el discípulo amado» de Jesús. Y coincide que el apóstol Juan fue el único de los doce que no estaba casado. Pero es un argumento muy débil, sobre todo porque no está probado que el evangelista Juan fuera el mismo personaje del apóstol no casado.

También resulta débil el hecho de que pudiera existir un evangelio de Marcos erótico que algunas sectas leían en clave homosexual y que por ello acabó censurado por la Iglesia. El mismo Crossan, que parece creer en la existencia de dicho evangelio anterior al canónico de Marcos, se inclina a pensar que no tenía por qué ser leído en clave homosexual y que más bien formaba parte del rito del bautismo que los hombres recibían desnudos.

Si Jesús no se casó, ¿por qué no lo hizo?

Lo que resulta más extraño es que Jesús nunca llegara a casarse, ya que es claro el amor y la simpatía que siempre demostró por la mujer en una sociedad en la que ésta era poco más que un objeto. ¿Basta para demostrar que no se casó el hecho que siempre alegó la Iglesia de que el profeta prefirió ser libre, sin vínculos matrimoniales para poder dedicarse mejor y con mayor libertad al anuncio de la Buena Nueva?

Lo curioso es que este argumento es el que usó la Iglesia Católica en los últimos siglos para defender su tesis del celibato obligatorio para los sacerdotes. Un argumento en contradicción con tantos casos de pastores protestantes o sacerdotes ortodoxos que realizan una gran labor de evangelización, sobre todo en las misiones, sin tener que renunciar a tener a su lado a una mujer. Al revés, en muchos casos son ellas sus mejores colaboradoras. De hecho, al grupo de Jesús y los doce apóstoles les seguían siempre un grupo de mujeres —algunas de ellas probablemente sus esposas— que les ayudaban en su misión.

Se trataba de una costumbre que continuó en las primeras comunidades, como escribe el apóstol Pablo. En algunos casos parece ser que, para no escandalizar a los fieles, a las mujeres que acompañaban al misionero las hacían pasar por sus propias mujeres.

En los primeros años del cristianismo, el celibato sacerdotal no tenía ningún valor añadido. Lo que se les pedía, por ejemplo, a los obispos es que fueran «maridos de una sola mujer», para dar ejemplo a los hombres que se liaban con varias mujeres. Pero nunca se les exigió el celibato, cosa de la que no existe ni rastro en los evangelios. Sólo entre la comunidad disidente de los esenios, los monjes de Qumrán, existía en aquel tiempo el celibato. Y es ese precisamente uno de los argumentos que se dan para decir que Jesús y sus apóstoles no podían haber pertenecido a Qumrán, pues ellos nunca exigieron a nadie el celibato. Es sólo mucho más tarde, al nacer en el cristianismo el estado monacal, cuando la virginidad empieza a tener un valor espiritual y de entrega total a la comunidad.

El hecho de que para las primeras comunidades cristianas el tema del sexo y del celibato fuera tan marginal —pues es un tema del que apenas se habla si no es para condenar sus aberraciones— demuestra, sin duda, la poca importancia que tanto Jesús como sus discípulos habían dado al tema. Sólo en ocasiones aparece en los evangelios que los discípulos quedaban perplejos ante ciertas actitudes públicas de Jesús con algunas mujeres, como en el coloquio con la mujer samaritana, que, además, era una pagana, junto al pozo de Jacob, cuando era sabido que los hombres no podían entablar conversaciones en la calle con las mujeres, ni siquiera los maridos con sus esposas.

Es evidente que resulta difícil de entender el que Jesús nunca se casara ni formara una familia, teniendo en cuenta el amor que tenía por los niños, a quienes convierte en símbolos y metáforas de lo mejor de su predicación, llegando a decir que es mejor suicidarse que escandalizar a un niño; lo que nunca sabremos es cuál fue el real motivo por el que decidió renunciar a un amor personal y a tener hijos. Porque la hipótesis calenturienta de algunos analistas de que Jesús estaba secretamente casado con la prostituta de Magdala no merece consideración alguna. En una sociedad en la que no sólo no se prohibía a nadie el casarse, sino que, al revés, el matrimonio y la familia eran una columna de la sociedad patriarcal palestina, imaginarse matrimonios

secretos de Jesús con quien sea sobrepasa cualquier
tipo de imaginación.

¿POR QUÉ JESÚS TUVO MALAS RELACIONES CON SUS PADRES Y HERMANOS?

En otro capítulo analizaremos las relaciones de
Jesús con el mundo femenino. Aquí sólo queremos
examinar sus relaciones con su propia familia, es decir, sus relaciones como hijo y hermano. Y en este
campo hay que confesar que no dejan de chocar los
textos que nos han transmitido los evangelistas que,
por ser tan unánimes y sin contradicciones, tienen
todos los visos de ser históricos. Porque son textos
duros. Por lo visto las relaciones con sus familiares
no fueron nada idílicas. Al revés, daba toda la impresión de que Jesús se preocupaba muy poco de
aparecer como un buen hijo o un buen hermano.

Por lo pronto, Jesús era mal visto en su aldea de
Nazaret. Cuenta el evangelista Mateo que cuando
Jesús se puso a enseñar en la Sinagoga de su pueblo
la gente, asombrada, decía: «¿No es éste el hijo del
carpintero? ¿No es su madre María, sus hermanos
Santiago, José, Simón y Judas? Y sus hermanas, ¿no
viven con nosotros? ¿De dónde le viene todo esto?
Y aquello les parecía un escándalo». Pero Jesús les
dijo: «Sólo en su casa y en su tierra desprecian al
profeta. Y no hizo allí milagros por su falta de fe».
En el evangelio de Marcos, que se considera el más
antiguo, Jesús dice también que el profeta es despreciado «por su familia».

Supuesto que no tengan otras intenciones las palabras de Mateo darían, sin duda, a entender que sus compatriotas tenían en muy poca estima a su familia. Por eso, viendo a Jesús convertido en profeta y que pretendía enseñar a la gente, se preguntaban cómo era posible procediendo de una familia tan sin importancia ni preparación. Pero hubo más: uno de los días en que Jesús estaba predicando cuenta Lucas que sus compatriotas de Nazaret «se llenaron de ira, se levantaron de sus asientos en la sinagoga, lo sacaron fuera de la ciudad y lo llevaron a la cima del monte sobre el que estaba edificada la ciudad para despeñarlo. Pero Jesús pasó por en medio de ellos y huyó».

En otras ocasiones, se cuenta en los evangelios, que los hermanos y hermanas de Jesús lo consideraban «loco». O sea, que la opinión que su familia tenía de él no era de las mejores. Y es él mismo quien afirma que su familia no lo aceptaba. ¿Sería por eso por lo que Jesús tampoco albergaba grandes amores y grandes simpatías por sus parientes? Y eso teniendo en cuenta la importancia que tiene la familia entre los judíos y lo unidos que suelen estar los miembros de una misma familia.

Lo que sí aparece en los evangelios es que cada vez que a Jesús le hablaban de que le estaba esperando alguno de sus hermanos o parientes o sus mismos padres solía responder que para él más importantes que su familia carnal eran los que seguían su palabra. Una actitud que ya se advierte desde muy niño, como indica el enigmático episodio cuando Jesús se pierde en el Templo de Jerusalén y sus padres tienen que reñirle. Lo cuenta así el evangelio de Lucas: «Sus padres iban todos los años a Jerusalén con motivo de la Pascua. Cuando Jesús cumplió doce años fueron con él a la fiesta. Terminada ésta emprendieron el camino de regreso; pero el niño se quedó en Jerusalén, sin que sus padres se dieran cuenta. Creyendo que iba en la caravana anduvieron una jornada, al cabo de la cual se pusieron a buscarlo entre los parientes y conocidos. Al no encontrarlo volvieron a Jerusalén en su busca. A los tres días lo encontraron en el templo sentado en medio de los doctores oyéndoles y haciéndoles preguntas. Todos los que le oían estaban admirados de su inteligencia y de sus respuestas. Al verlo sus padres se quedaron maravillados y su madre le dijo: "Hijo, ¿por qué has hecho esto? Tu padre y yo te hemos estado buscando muy angustiados". Jesús les contestó: "¿Por qué me buscabais? ¿No sabíais que yo debo ocuparme de las cosas de mi padre? Pero ellos no comprendieron lo que les decía"».

Suponiendo que el texto de Lucas tenga veracidad histórica, algunas cosas del texto resultan sorprendentes. Por lo pronto resulta que Jesús a sus doce años debía ser muy independiente y en los viajes no debía gustarle ir al lado de sus padres, sino con los amigos o parientes. De lo contrario no se explica cómo sus padres sólo al final de una jornada de viaje se dan cuenta que se había perdido. Por otra parte, el niño no sólo no pide perdón a sus padres, que le dicen que han sufrido mucho con su acción, sino que les reprocha el que lo hubiesen buscado. ¿Es que iban a dejarlo solo en Jerusalén con doce años? De hecho, como afirma el relato, sus padres no entendieron nada de la conducta del hijo. Ni Jesús tiene ningún gesto de querer consolarlos.

Algo de verdad tiene que haber en esa historia, pues de lo contrario no tendría motivo para ser inventada, ya que la personalidad del muchacho Jesús no parece muy ejemplar. Aquí él parece más bien un acto de desobediencia a sus padres y de una cierta arrogancia. Tanto es así que el evangelista —y eso sí que tiene todos los visos de ser adulterado para que Jesús no aparezca como demasiado rebelde con sus padres— añade lo siguiente: «Jesús se fue con ellos a Nazaret y les estaba sometido». ¿Era necesario subrayarlo? ¿Qué otra cosa debía hacer un niño de doce años en la cerrada cultura de una aldea de Palestina sino estar sometido a sus padres obedeciéndoles?

JESÚS NUNCA EXALTA A LA FAMILIA

No existe en todo el evangelio una exhortación de Jesús en favor de la familia. Más aún, da a entender que su predicación está fatalmente destinada a separar a las familias en lo interno. Lo dice claramente Lucas cuando recoge estas tajantes palabras del profeta de Nazaret: «¿Creéis que he venido a traer la paz al mundo? Os digo que no. He venido a traer la división. Pues en adelante estarán divididos cinco en una misma casa, tres contra dos y dos contra tres. Estará dividido el padre contra el hijo y el hijo contra el padre, la madre contra la hija y la hija contra la madre, la suegra contra la nuera, la nuera contra la suegra».

La Iglesia se ha roto la cabeza a través de los siglos para buscarle una explicación a esta evidente actitud de un cierto rechazo de la familia por parte de Jesús. Ha intentado sublimar estos textos difíciles y comprometidos de los evangelios que curiosamente los evangelistas no intentaron encubrir. ¿Por qué? Difícil saberlo. En general, los exegetas suelen decir que los textos que no suelen dejar en buen lugar ni a Jesús ni a los apóstoles y que tienen difícil explicación suelen ser los más antiguos y menos manipulados. Debían haber chocado tanto a los primerísimos cristianos que fue difícil ocultarlos, como, por ejemplo, las tres negaciones de Pedro la noche de la Pasión, cuando negó por miedo que era uno de los doce apóstoles que seguían a Jesús. Debió tratarse de un hecho que escandalizó tanto desde el principio que era difícil ocultarlo.

Una de las explicaciones que la Iglesia ha dado a lo largo de los tiempos a estos textos en los que Jesús aparece más bien en conflicto con su familia y ella con él es que él estaba tan sumergido en su misión de profeta universal que todo lo terreno tenía poco valor para él. Han dicho que a Jesús le importaba sobre todo su mensaje. Pero es sabido que su mensaje era de amor universal. ¿No debía estar en él incluido el amor a los suyos? Porque lo cierto es que Jesús fue enormemente tierno y lleno de afecto con sus amigos más íntimos, con las mujeres que le acompañaban y hasta con los publicanos y prostitutas. ¿Por qué sólo con su madre, su padre y sus hermanos tenía que ser tan duro?

¿Pudo ser todo una invención de los evangelistas para privilegiar el liderazgo de Pedro contra el de Santiago, el hermano de Jesús?

Algún analista moderno ha intentado dar una curiosa explicación de tipo histórico. Del mismo modo, dicen, que toda la animosidad que se nota en los evangelios por parte de los fariseos contra Jesús habría sido inventada por motivos políticos en el tiempo en que se escribieron los evangelios (que es cuando los fariseos están más enfrentados con los cristianos); también toda esta animosidad de Jesús con su familia podría haber sido inventada o, por lo menos, desorbitada por motivos históricos y de disputas de las primeras comunidades.

En las primeras comunidades judeo-cristianas, en efecto, los ánimos estaban muy divididos entre dos personajes: los seguidores del apóstol Pedro, que en vida de Jesús estaba considerado como el cabeza de los otros apóstoles y a quien el Maestro habría dado el encargo de fortalecerles en su fe en los momentos de dificultad y de persecución, y los seguidores de uno de los hermanos de Jesús, Santiago, que fue un personaje de primer plano en la fundación del cristianismo más primitivo. Santiago, que acabó también mártir, estaba muy bien visto, tras la crucifixión de Jesús, incluso entre las elites de Jerusalén. Por eso al principio eran respetadas las primeras comunidades de seguidores de Jesús que provenían todos del judaísmo.

Este hermano de Jesús tuvo también un papel de primera importancia en el primer Concilio de Jerusalén tras la dura polémica entre Pedro y Pablo sobre si los judíos convertidos al cristianismo debían también circuncidarse o no. Santiago hizo de árbitro y consiguió un compromiso diplomático: no deberían circuncidarse, pero sí deberían seguir manteniendo algunos ritos judíos relacionados con la higiene y con los matrimonios mixtos.

Según estos analistas, lo que pudo ocurrir fue que los seguidores de Pedro —entre los que estaban los evangelistas que escribieron más tarde sus narraciones— no veían con buenos ojos la influencia que había alcanzado entre los primeros cristianos Santiago, el hermano de Jesús, a quien muchos preferían a Pedro, precisamente por haber sido hermano de Jesús. ¿Qué hicieron entonces? Desprestigiar a la familia de Jesús y dar a entender que Jesús no daba importancia alguna a sus relaciones de sangre. Por ello, poco importaba que Santiago fuera su hermano de sangre, ya que Pedro había sido el apóstol que lo había seguido desde el principio y en el que Jesús confiaba.

Todo eso pertenecería a las luchas de poder entre las primeras comunidades cristianas, que acabarían más tarde en las peleas entre los diversos patriarcados y entre éstos y el Papa de Roma. Sin duda, si la teoría del desprestigio de la familia de Jesús para quitar autoridad a Santiago, su hermano, en favor de Pedro, hubiese sido verdad, habría que revisar todos los textos en los que aparece la animosidad del profeta con sus parientes. Cosa difícil, ya que nunca vamos a tener documentos fehacientes que puedan probar una u otra hipótesis.

Sin duda, Jesús fue un radical en todo, incluso con la familia

Por otra parte, por lo poco que se conoce del temperamento de Jesús, no cabe duda que tuvo que ser un personaje muy radical, que predicaba unas utopías extremas. Y es posible que algunos de sus familiares, en algún momento, sobre todo cuando empezó a hacer milagros, a ser seguido por la multitud y a perfilarse como el Mesías que estaba preparando un nuevo Reino de prosperidad para Israel, intentaran sacar tajada de sus triunfos, cosa que tenía que haber molestado a Jesús, sobre todo si es cierto que cuando comenzó su misión se reían de él, lo consideraban un chiflado y no le hacían ni caso.

Como también es muy posible que ni sus padres ni sus hermanos tuvieran las informaciones suficientes ni la formación necesaria para entender aquel camino peligroso que Jesús había emprendido poniendo en riesgo su vida. José, su padre, no era más que un oscuro obrero, probablemente de la construcción, y su madre una sencilla joven de aldea que, como todas las madres, adoraría a su hijo, pero que ni entendería ni le gustaría que se metiera en aquellos berenjenales a los que su intuición de madre y de madre judía le hacían presentir que no iban a conducir a nada bueno.

Es sintomático a este respecto que, de los cuatro evangelistas que narran los hechos de la pasión, sólo Juan afirma que María, la madre de Jesús, estaba al lado de su hijo en el momento de la crucifixión. Los otros tres no la nombran, mientras dan cuenta de la presencia de otras mujeres amigas de Jesús. Y al día siguiente, cuando el grupo de esas mujeres, entre ellas María Magdalena, fueron al sepulcro y lo encontraron vacío, ni siquiera Juan dice que entre ellas estuviera la madre de Jesús.

También este particular ha angustiado siempre a la Iglesia, que se preguntó tantas veces cómo era posible que las mujeres amigas de Jesús durante su vida se hubiesen preocupado de ir a recoger el cuerpo de Jesús y no su propia madre. Y también de este hecho insólito se han intentado dar mil explicaciones poco convincentes. Lo más seguro es que María, la madre de Jesús, estuviera no sólo destrozada, sino sorprendida de que su hijo, tan seguido y amado por la gente, que había pasado por la vida «haciendo el bien», como se dice en uno de los evangelios, hubiera acabado muerto de aquella muerte tan humillante. Un desconcierto mayor viendo a su hijo condenado al suplicio que los romanos destinaban a los peores malhechores y a los rebeldes políticos.

Algunos teólogos y exegetas han especulado que Jesús seguramente se le apareció a su madre en su casa antes que a ninguna de las otras mujeres y que a los apóstoles, y que por eso ella, que ya sabía que había resucitado, no se había preocupado de ir aquella mañana al lugar del suplicio para interesarse por el cuerpo de su hijo. Pero ahí entramos en el reino del misterio en el que ni los evangelistas se atrevieron a entrar.

11

¿Quiso Jesús fundar una Iglesia?

Una de las preguntas más delicadas, comprometedoras y complejas sobre Jesús de Nazaret es si quiso fundar una nueva Iglesia y una nueva religión. Una pregunta difícil, ya que la Iglesia Católica y, en general, las iglesias cristianas nunca van a admitir que ellas no fueron fundadas por Jesús a través de sus apóstoles. Y están convencidas de que el cristianismo es una nueva religión, como el islam, el judaísmo o el hinduísmo.

Ha habido, sin embargo, no pocos especialistas en materias bíblicas que se han planteado esa pregunta con seriedad. Y muchos de ellos, empezando por los modernistas, fueron condenados y perseguidos por haber puesto en tela de juicio que Jesús hubiese querido fundar una Iglesia. Roma, al revés, nunca ha tenido duda de que Jesús fundó su Iglesia sobre Pedro, a quien dio el poder de gobernar a la Iglesia y el don de la infalibilidad para no errar en su cometido.

Para empezar, hay que dejar bien claro que, aun en la hipótesis no probada de que no hubiera sido Jesús quien fundara la Iglesia Católica o que no fuera esa la Iglesia que él había pensado, eso no quita nada a la importancia que dicha institución religiosa, y en general el cristianismo, ha tenido y tiene en la historia. Ni le quita importancia el hecho de que esa Iglesia haya podido ser más bien fruto de la fe de los primeros cristianos y de la concepción religiosa de Pablo de Tarso, a quienes algunos autores consideran como el verdadero fundador del cristianismo, tras haber hecho que el cristianismo primitivo se separara de sus raíces judías originarias.

El problema es otro: es saber si Jesús, en algún momento, tuvo la idea de fundar una religión nueva, diferente de la que él había practicado y vivido en su familia, y si quiso fundar una Iglesia organizada como lo es hoy la Iglesia Católica.

El tema es de fondo y no sólo de forma. Sin duda, aun en el supuesto de que Jesús hubiese pensado en fundar una nueva Iglesia, muchas de las cosas de la Iglesia actual difícilmente las bendeciría, sobre todo por lo que se refiere a cómo ha sido organizado el gobierno central de la Iglesia en el Vaticano, el estilo del papado, copiado básicamente de los emperadores romanos, y la misma estructura de la Iglesia como monarquía absoluta. Ya muchos santos antiguos, como Santa Rita de Cassia, sin llegar a los actuales obispos y exponentes de la Teología de la Liberación, criticaron duramente los excesos de una Iglesia preocupada más por los ricos y los poderosos que por los desheredados, no pocas veces contaminada por los poderes mundanos y políticos. Una Iglesia rica, llena de privilegios otorgados por los poderosos, muchas veces intransigente e inquisitorial. Todo eso lo sabemos, y son los mismos cristianos más comprometidos quienes se encargan de criticar.

Probablemente se trate de una traición antigua, casi de los orígenes del cristianismo, cuando éste, de ser una secta perseguida por los emperadores romanos, pasó a ser la religión de Estado del Imperio Romano, quien la cubrió de privilegios y prebendas. Como afirma Crossan: «Cuesta bastante trabajo mantener la serenidad cuando se lee el relato del banquete imperial celebrado al término del Concilio de Nicea». Dice así el relato:

«Algunos destacamentos de la guardia y del ejército rodearon la entrada del palacio con las espadas desenvainadas, y pasando por en medio de ellos sin temor, los hombres de Dios penetraron en los aposentos privados del emperador, donde se hallaban a la mesa algunos compañeros de éste, mientras otros yacían reclinados en lechos situados a uno y otro lado de la estancia. Cualquiera hubiera pensado que se trataba de un cuadro del Reino de Cristo, de un sueño hecho realidad».

El texto fue escrito por Eusebio, y Crossan lo comenta así en su obra *Vida de un campesino judío*: «De nuevo aparecen combinados el banquete y el Reino, pero los invitados son ahora los obispos, todos ellos de sexo masculino, que comen reclinados en lechos en compañía del propio emperador y esperan ser servidos por otros». Y añade: «Quizás el cristianismo sea una traición inevitable y absolutamente necesaria de la figura de Jesús, pues, de no ser así, todos sus seguidores habrían muerto en las colinas de la Baja Galilea. Pero ¿era preciso que esa traición se produjera en tan poco tiempo?».

JESÚS PREDICÓ UNA RELIGIÓN DEL CORAZÓN SIN TEMPLOS NI CATEDRALES

La pregunta es la siguiente: ¿qué era lo que Jesús intentó cuando, rodeado de un puñado de hombres y mujeres, de gente más bien sencilla, se puso a criticar algunos aspectos de la religión judaica de su tiempo (como hoy hacen los teólogos progresistas con el catolicismo) y a anunciar la llegada de un «Reino» nuevo? ¿Era ese anuncio del Reino el de la fundación de una nueva religión y de una nueva Iglesia o era sencillamente el anuncio de una superación de la vieja religión de sus padres, infundiéndole mayor universalidad y proclamando la centralidad de la dignidad humana como el corazón mismo de la religión, o se trataba de una religión diferente? ¿O era un reino puramente temporal para arrojar a los romanos de la tierra de sus padres, por ellos ocupada?

Importante a este respecto sería saber la idea de Dios que predicaba Jesús y si era una idea de Dios «inventada» por él o sacada de las raíces de las Escrituras antiguas. Porque se habla de que una de las características de la nueva religión predicada por el profeta de Nazaret era la de un Dios «padre» en contraposición al Dios «juez» del Antiguo Testamento; el Dios de la compasión y no el Dios de la venganza; el Dios, no del «ojo por ojo y diente por diente», sino el del padre que recibe al hijo pródigo, que se había ido de casa y había dilapidado su herencia, con tanta fiesta y alegría que hace enfadar de envidia al hijo fiel que se había quedado en casa.

Pero resulta que esa imagen también está en el Antiguo Testamento, concretamente en el profeta Isaías, cuando, hablando de Dios, dice que es más comprensivo que una madre, pues mientras una madre podría llegar a abandonar a un hijo, Dios nunca lo haría.

Hay un texto significativo, en el evangelio de Juan, que es también revelador de la idea que Jesús tenía de la religión, de la manera de adorar a Dios y de todo lo que es externo a la Iglesia, principalmente el problema de los templos. Es el pasaje en el que Jesús coquetea con la mujer samaritana que iba a sacar agua del pozo. Existía una gran enemistad entre judíos y samaritanos. Estos últimos eran considerados paganos, al no reconocer la religión de Israel. La samaritana provoca a Jesús diciendo que sus antepasados habían adorado a Dios en aquel monte donde se hallaban, mientras que los judíos decían que hay que adorarlo en el Templo de Jerusalén.

Dos iglesias disputándose un lugar del culto. Jesús corta tajante: «Créeme, mujer, se acerca la hora en la que ni en este monte ni en Jerusalén adoraréis al Padre... Llega la hora, y ya estamos en ella, en la que los verdaderos adoradores adorarán en espíritu y en verdad».

Si estas palabras de Jesús son históricas —y la Iglesia las reconoce como tales—, habría que hacerse muchas preguntas. Por lo pronto resulta evidente que, si Jesús pensaba en un tipo nuevo de religión, en ella no iban a tener ninguna importancia los lugares físicos de culto, ya que, como él dice, los seguidores de esa nueva religión tendrían que rendir culto a Dios no en iglesias, templos y catedrales faraónicas, sino dentro de sí mismos. Sería el corazón, el espíritu del hombre, el gran templo interior donde mejor van a poder encontrarse con Dios.

Sobre este texto se han derrochado ríos de tinta. Pero pocos han ahondado en él para observar que se trata de una dura crítica a todo el fausto de las iglesias levantadas por católicos y protestantes. A la mujer samaritana, Jesús le dice muy claro que en el futuro o, mejor, ya desde aquel momento van a importar muy poco tanto el Templo de Jerusalén como las catedrales que un día levantarían en su nombre, ya que nada de eso es importante para rendir culto al Dios que habita en el corazón de las personas y no en la oscuridad y magnificencia de los templos.

¿Podía un profeta que tenía esa idea del culto pensar en fundar una iglesia que más tarde quitaría el oro a los pobres para enriquecer sus templos, una iglesia en la que sus seguidores se enzarzarían en una disputa por saber si era más importante, por ejemplo, la Basílica de San Pedro que las otras catedrales del mundo, ninguna de las cuales podría construirse con una superficie superior a la de aquélla? Sin duda que no. En el mejor de los casos, Jesús nunca pudo pensar en una iglesia como la actual, rica y lujosa. Pero ¿y en cuanto a la doctrina?

Bonhoeffer, el teólogo protestante que murió en un campo de concentración nazi, dejó escrito que «Jesús no llamó a una nueva religión, sino a la vida». Es decir, que para él la verdadera religión era la vida, la forma de comportarse con los demás y con Dios. Y todo lo demás ha sido construcción posterior.

Según algunos teólogos modernos, como Juan José Tamayo, Jesús fue un creyente judío sincero, radical, que frecuentaba las sinagogas, donde oraba y predicaba; que participaba en las fiestas religiosas de su tiempo, y que no hizo otra cosa que introducir correctivos de fondo en la legislación y en las instituciones religiosas, proponiendo «una concepción alternativa de la vida religiosa orientada a la liberación integral del ser humano».

JESÚS QUISO LIBERAR A LOS HOMBRES DEL PESO DE LAS RELIGIONES

De ahí el que haya quien llega a decir que la misión de Jesús era la de liberar al hombre del peso de las religiones antiguas, empezando por la suya, la judía, que imponían a la gente «pesos que no podían soportar» y que quienes los imponían eran los primeros en desentenderse de ellos. Y que, precisamente por ello, mal podía pensar en fundar otra religión con nuevas estructuras que acabarían sofocando las conciencias de los creyentes.

¿Sería, pues, una herejía decir que lo que Jesús pretendió fue hacer tomar conciencia a la gente de que la misma religión, sobre todo en sus aspectos legislativos, culturales y rituales, acaba siendo una esclavitud, mientras que la fe verdadera, la verdadera espiritualidad, tendría que ser la gran liberación de todo lo que oprime a las conciencias? Por eso Jesús estaba en contra del comercio de los sacrificios de los animales en el Templo para conquistarse la benevolencia de Dios, que acababa arruinando a tantas familias pobres. Él quería otro tipo de relación personal del hombre con Dios basada no en el derramamiento de sangre o en el puro sacrificio por el sacrificio (no ayunaba ni dejaba ayunar a sus discípulos), como si se tratara de un Dios sediento de dolor, sino en el amor y el respeto a todo y a todos, y no sólo a los privilegiados y poderosos.

No es imposible que lo único que Jesús pidiera a sus discípulos fuera que después de su muerte se dedicaran a anunciar a la gente, dentro y fuera de Israel, aquellas ideas sencillas y liberadoras de las ataduras de las religiones enseñando a la gente a adorar a Dios «en espíritu y en verdad», y anunciando a los más marginados de aquella sociedad pobre y agitada —donde los pobres y lisiados eran los parias— que ellos iban a tener un lugar privilegiado en el corazón del Dios que no hace acepción de personas y que, si acaso, está más cerca de los despreciados y humillados por el poder que de los poderosos.

Entonces, ¿qué ocurrió después de su muerte para que aquel puñado de ideas revolucionarias —pero al mismo tiempo sencillas y sin ninguna pretensión de convertirse en una nueva religión— acabaran convirtiéndose en una nueva Iglesia institucionalizada a la manera de la Sinagoga judía? Responder a esta pregunta ha sido un reto difícil de no pocos historiadores y teólogos. Entre ellos destaca César Vidal, con sus estudios sobre el judeo-cristianismo de los primeros días de la Iglesia, en su obra *El judeo-cristianismo palestino en el siglo I*.

Los esfuerzos realizados por este autor para bucear en aquel mar complejo de las primeras comunidades cristianas venidas del judaísmo y con él y por él contaminadas demuestran la complejidad del problema y cómo pueden existir lecturas muy dispares de los mismos hechos históricos.

La conclusión a la que llega este historiador de que la primera iglesia judeo-cristiana no tuvo pretensiones de orden político y casi ni sociales, sino más bien espirituales y místicas, y que sus miembros no pertenecían a las clases más pobres de la sociedad, sino, por lo menos en parte, a las clases medias, contrasta, por ejemplo, con tantos otros autores que vieron en Jesús a un revolucionario político-social. Un revolucionario que simpatizaba con los movimientos de los zelotes, los guerrilleros del tiempo, que creía que Dios iba a libertar a Israel del yugo de los romanos y cuyo interés primordial eran los parias de la sociedad judía y no los ricos ni las clases medias, aunque tuviera contactos con ellas.

Lo que cada día parece más claro a partir de los
estudios realizados es que el judaísmo del tiempo
de Jesús no era monolítico. Existían mil vertientes
del mismo y mil contaminaciones con los pueblos
de fuera de Judea, sobre todo con el mundo helé-
nico y, en general, con toda la cuenca del Mediter-
ráneo. Se trataba de una sociedad campesina atravesada por muchas inquietudes en la que pululaban
movimientos mesiánicos y políticos de todo tipo.

De ahí el que no fuera raro que también las
ideas de Jesús, el profeta que acabó despertando
tantas preocupaciones que acabaron crucificándolo
por peligroso, estuvieran mezcladas y entrelazadas
con dichos movimientos, que iban desde los más radicales y políticos, como el de los zelotes, a los más
espiritualistas, como el de los esenios de Qumrán.
Cosa que se nota en la misma composición del grupo de los doce apóstoles, muy diferentes entre ellos,
y que por ello interpretaban de manera a veces con-
trapuesta las palabras del Maestro.

Del mismo modo todo hace pensar que aquellas
diferentes visiones de la doctrina de Jesús repercu-
tieron muy pronto en la forma en que las primeras
comunidades cristianas interpretaron y vivieron la doctrina del profeta crucificado. Es verdad que todos los
apóstoles acabaron dando la vida en defensa de la fe
en Jesús Resucitado. El mismo Judas Iscariote, considerado el traidor, acabó sacrificando su vida a través del suicidio. Pero no para todos ellos ni para to-

dos los primeros cristianos la fe en Jesús era idéntica, sino que tenía matices diferentes e importantes, empezando por la disputa entre los mismos apóstoles sobre si los judíos convertidos a Jesús, a quien consideraban el verdadero Mesías anunciado a Israel, debían o no circuncidarse, seguir los rituales judaicos y frecuentar la Sinagoga.

Que la doctrina del profeta Jesús fue interpretada de muchas formas lo demuestra el hecho de que enseguida empezaron a surgir lo que las primeras comunidades consideraron herejías o desviaciones de la verdadera doctrina predicadas sobre todo por Pedro y Pablo. Como botón de muestra habría que recordar la herejía de los grupos gnósticos que tuvo una enorme importancia en el cristianismo primitivo durante todo el primer siglo de esta era y que hubiera quedado relegada al olvido, tras la persecución que sufrieron sus seguidores, de no haberse descubierto, al final de los años cuarenta, la famosa biblioteca gnóstica de Nag Hammadi, en Egipto, en la que se hallaron los famosos cinco evangelios gnósticos (el de Tomás, el de los Egipcios, el de la Verdad, el de María y el de Felipe).

El gnosticismo era una mezcla de filosofía y de religión que intentó injertarse y conciliar su doctrina con la del naciente cristianismo, creando una doctrina ecléctica basada sobre todo en el pensamiento y que algunos estudiosos de las religiones, como Adolf Harnak, llegaron a considerar como la primera elaboración teológica del cristianismo.

Pero algunos estudiosos, como César Vidal, que han profundizado en el tema de la gnosis, están convencidos de que esta filosofía es anterior al cristianismo y de que su importancia radica en que intentó injertarse en la nueva religión, nacida de las raíces del judaísmo, dando lugar a un tipo de religión ecléctica que se había apoderado de la figura y de la doctrina de Jesús de Nazaret para interpretarla a la luz de sus ideas, al mismo tiempo que había influenciado la vertiente esotérica del judaísmo. Y se vio enseguida que iba a ser un duelo entre ambos pensamientos y que sólo uno de ellos podría acabar sobreviviendo. Como de hecho fue.

Los gnósticos eran más bien esotéricos. Sus adeptos veían a Cristo más bien como una emanación de la Ausencia, del Pneuma o Espíritu del Padre, y lo llamaban Ophis, es decir, el símbolo de la Sabiduría divina manifestada en la materia. Muchos de los escritos oficiales de la Iglesia, como el evangelio de Juan, los Hechos de los Apóstoles o las Cartas de Pablo, están cuajadas de términos tomados de los gnósticos, como Pleroma (plenitud), Aeon (emanación), Archonte (corona o dignidad), Adonai (imperio), que es el décimo Sephirot de la Cábala o fuego consumidor, etc.

Los gnósticos aparecen también en muchos de los evangelios apócrifos, como en el *Libro de la Ascensión*, de Elías, o en el *Evangelio*, de Nicodemus. Los gnósticos tuvieron figuras importantes durante los primeros años del cristianismo, como Valentim, que vivió en Roma del 136 al 165. Existe hasta un evangelio atribuido a él. Fue uno de los primeros doctores de la Iglesia y casi fue elegido Papa. Es bien posible que si Valentim, que era egipcio, hubiese llegado al trono de San Pedro, hoy los evangelios considerados inspirados podrían haber sido otros y no los actuales de la Iglesia.

El cristianismo acabó definitivamente con la gnosis cuando durante el reinado del emperador Teodosio (379-383 d.C.) la Iglesia Católica, que ya desde Constantino había empezado a ser vista con buenos ojos y había dejado de ser perseguida, se convirtió oficialmente en la religión del imperio. A partir de ese momento, junto con los privilegios concedidos a la nueva religión de estado, se ordena la persecución de todo tipo de herejía. Y es en ese momento cuando los gnósticos comienzan su calvario y cuando los obispos ordenan a los monjes que quemen todas las obras que contengan herejías contrarias al catolicismo oficial. Sólo que los monjes, que ya eran críticos con algunas actitudes de la jerarquía eclesiástica, en vez de quemar aquellos manuscritos gnósticos, los enterraron. Eso ha hecho posible que llegaran hasta nosotros sin que desaparecieran para siempre.

Una de las cosas importantes de los evangelios gnósticos es que podrían contener elementos de la doctrina original de Jesús que no pasaron a los evangelios canónicos. Es un estudio que aún debe ser profundizado. Sin duda, se ha presentado la doctrina gnóstica como en contraposición a la teología católica y cristiana. Pero no podemos olvidar que la interpretación que de esa doctrina se ha dado tuvo que ver con el hecho de que se la consideró del todo herética y contraria al cristianismo oficial, desde el concepto que ellos tenían de la creación al de la redención.

Conocido es el enfrentamiento frontal de Pablo con los gnósticos que habían influenciado a los cristianos de Corintio, a quienes Pablo considera como seguidores de un Jesús diferente del que él predicaba. En efecto, para los cristianos de Corintio, Jesús no era un personaje terrenal, sino sobre todo espiritual; se concedía poco valor a su muerte en la cruz y se negaba su resurrección, al mismo tiempo que no se les daba importancia a los sacramentos y sí a las experiencias místicas. Es decir, un Jesús casi opuesto al predicado por Pablo, que fundó su teología en el Jesús crucificado y en su resurrección con el mismo cuerpo que tenía en vida.

Se trataba, pues, del enfrentamiento de dos teologías, de dos visiones de Jesús y de su doctrina de las que sólo la vencedora, la de Pablo, acabó triunfando, mientras que la otra, la gnóstica, la perdedora, fue condenada y proscrita. De ahí que haya sido difícil, hasta el momento, saber si en dicha teología condenada a la hoguera existían o no elementos incluso más primitivos e históricos sobre Jesús que en el cristianismo de Pablo que se impuso como religión oficial.

Todo ello es importante para la cuestión en discusión de si Jesús quiso fundar una Iglesia o se la fueron fundando entre unos y otros, con la pugna entre diferentes pensamientos filosóficos y teológicos que se fueron mezclando, que lucharon entre sí por la propia hegemonía y que acabaron configurando el actual catolicismo.

En efecto, viendo cómo se fue organizando la nueva Iglesia, sus luchas internas y las diferentes concepciones que existían de Jesús y de sus enseñanzas ya en los albores de la Iglesia, resulta difícil pensar que Jesús transmitiera a sus apóstoles las bases concretas y claras de la Iglesia que él quería fundar. Pero hay más: la primerísima comunidad cristiana, formada aún por los apóstoles que habían convivido con el Maestro y por los primeros convertidos a la fe en Jesús reconocido como Mesías y vencedor de la muerte, tiene muy poco de una religión totalmente nueva, ni de una Iglesia fundada *ex novo* siguiendo las enseñanzas de Jesús.

Hoy, gracias a los estudios de lo que fue el llamado «judeo-cristianismo palestino» de los años inmediatamente posteriores a la muerte de Jesús en la cruz, sabemos muy bien que se trataba de unos judíos que seguían observando fielmente todas las leyes de su religión de origen, todos sus rituales de culto y de higiene y todas las prescripciones, hasta las más pequeñas. Eran todos circuncidados y frecuentaban regularmente los cultos de la Sinagoga. De ahí las discusiones de si los nuevos cristianos (que entonces no se llamaban así, ya que el término de cristiano nació mucho después y con tintes más bien de insulto y desprecio por parte de los romanos) podían empezar a prescindir del cumplimiento de algunas leyes judaicas, como, por ejemplo, del rito de la circuncisión y de los rituales higiénicos o si debían seguir cumpliéndolas fielmente.

En verdad más que de seguidores de una nueva religión se trataba de seguidores del judío Jesús de Nazaret, que había dicho bien claro que su misión no era la de «abolir» la ley judaica de Moisés, sino «perfeccionarla». La diferencia de fondo no era la de predicar una religión nueva, sino la de aceptar que Jesús no había sido un profeta más, sino el Mesías que había sido anunciado por las Escrituras. De ahí arranca si acaso la originalidad y la divergencia entre los judeo-cristianos y los cristianos de más tarde, los venidos del helenismo que ya no eran judíos, pero a quienes Pedro curiosamente quería obligar a circuncidarse antes de entrar en el nuevo cristianismo. Señal clara de que para los apóstoles el cristianismo no era mucho más que un judaísmo que se abría a los gentiles y que aceptaba en su seno a otros pueblos fuera de Palestina, pero que tenían que aceptar al mismo tiempo que Jesús había sido un judío observante, aunque crítico.

La verdadera ruptura nace con la llegada del judío fariseo Pablo, que de perseguidor de los cristianos se convirtió en un apóstol más, dando un revolcón al judeo-cristianismo al que acabaría separando de sus raíces originales judías. De ahí el que haya habido historiadores que afirmen que la Iglesia Católica actual, con su teología, fue más obra de Pablo que de Pedro, es decir, más griega y aristotélica que judaica y, por tanto, ya muy diferente del pensamiento primitivo de Jesús. Aunque lo cierto es que la Iglesia nunca llegó a liberarse del todo de sus raíces judías que han quedado, para bien o

173

para mal, pegadas a los pliegues de su doctrina y hasta de sus rituales.

¿FUE EL PRIMER CRISTIANISMO ALGO RADICALMENTE DIFERENTE DEL JUDAÍSMO?

Hoy casi la totalidad de los teólogos católicos está de acuerdo en que el cristianismo primitivo, formado sólo por judíos y que dirigían al principio su predicación exclusivamente a otros judíos, no era algo totalmente diferente de la religión judaica. «El judeo-cristianismo palestino no era una nueva religión», afirma César Vidal, «aunque convencionalmente todo el mundo estuviera dispuesto a entenderlo así. Era una rama de la religión judía del Segundo Templo, tan legítima como podía resultar la de los fariseos, los saduceos o los sectarios de Qumrán... Por eso su apologética se basaba fundamentalmente en el Antiguo Testamento interpretado no tanto a la luz de Jesús como de ciertos pasajes que se consideraban identificados con éste».

La misma apertura a los gentiles, es decir, a los no judíos, no era una idea original de los seguidores de Jesús, ya que existían precedentes en el judaísmo del Segundo Templo. Hasta el punto que una de las luchas de algunos grupos judíos contra los judeo-cristianos se centraba en la captación de dichos gentiles a la propia secta.

Según César Vidal, si acaso, lo original del cristianismo más tardío fue el permitir a los gentiles seguir siendo tales para obtener la salvación sin que fuera ya necesario convertirse antes en judíos. Y por lo que se refiere a la posible originalidad del movimiento en su estadio carismático, tras las manifestaciones del Espíritu Santo después de la Resurrección, cuando los primeros apóstoles y cristianos aparecen como poseídos por el Espíritu, tampoco eso se puede considerar una novedad del movimiento. Porque todos esos dones del Espíritu ya existían en los profetas antiguos del judaísmo. Si acaso la novedad es que los primeros cristianos aseguraban que el Espíritu había descendido sobre ellos, enviado por Jesús resucitado de entre los muertos.

Y en esas primeras comunidades no existen vestigios de que los apóstoles, siguiendo directrices de Jesús antes de morir, estuvieran fundando una nueva Iglesia jerarquizada. Ni siquiera existía el mecanismo para la sucesión de los doce apóstoles. La verdadera jerarquía era la de los diferentes dones de la profecía. Poseía mayor autoridad en el seno de la comunidad quien demostrara que había recibido más dones del Espíritu y apareciera con mayor carisma y más santo.

Sólo más tarde, ya en el siglo II, las cosas empiezan a cambiar. Comienza entonces a perfilarse una Iglesia jerarquizada, en la que la posición de poder tiene mayor fuerza que la de la profecía y del carisma. El poder empieza a residir en los obispos, que se constituyen en sucesores de los apóstoles. Es un poder sobre todo masculino, del que aparecen relegadas las mujeres que tanta importancia habían tenido en el período del carisma y de la profecía. Se empieza a crear la jerarquía con poderes jurisdiccionales, copiados en parte del poder temporal de los emperadores, y hasta se empieza a ver con ojos sospechosos los dones del Espíritu que habían estado en origen del primerísimo cristianismo aún en vida de los apóstoles.

De allí se llegó a la lucha sobre la mayor o menor importancia de los sucesores de los diferentes apóstoles, con la creación, primero de los patriarcados orientales —que en principio tenían idénticos poderes— hasta llegar a la primacía de la sucesión del apóstol Pedro, en la sede episcopal de Roma, y el subsiguiente nacimiento del papado, calcado en muchas de sus estructuras de los emperadores. Aquello dio inicio a las luchas de los patriarcas entre sí y a los cismas originados por la doctrina que otorgaba al patriarca de Roma (futuro Papa) la infalibilidad pontificia y, por tanto, un poder real y concreto sobre todos los otros patriarcados.

La pregunta que nunca tendrá respuesta es si esa religión y esa iglesia, así concebidas y organizadas, fue algo que Jesús pensó y soñó, o si fue sólo la creación paulatina y teológica de algo concebido sólo por sus seguidores y estructurado y amasado a través de toda una serie de interpretaciones de un núcleo original de doctrina de un profeta judío. De aquel profeta, nacido en la aldea de Nazaret que había intuido que la verdadera religión del mundo debería ir más allá del judaísmo de sus padres para abrirse a todas las gentes liberándolas del yugo de las antiguas religiones.

La otra pregunta sin respuesta es si Jesús, volviendo a la tierra, reconocería como suya, o como inspirada en lo que él predicó y por lo que fue llevado a la muerte horripilante de la cruz, la actual Iglesia católico-cristiana, fundada hoy más sobre el Jesús de la fe que sobre el verdadero Jesús histórico, del que tan poco nos ha llegado hasta nosotros. Esta Iglesia, que se dice fundada por Jesús, ¿no será más bien la heredera de una fe que se fue construyendo a lo largo de los siglos sobre los frágiles pilares de su verdad histórica, sobre su mito y sobre los dogmas por ella creados?

12

El Jesús de los Evangelios Apócrifos

Existe no poca ignorancia, incluso entre los creyentes, acerca de los llamados evangelios «apócrifos», que para muchos siguen siendo sinónimos de falsos o proscritos, cuando en verdad la Iglesia Católica nunca los ha condenado. Durante mucho tiempo algunos de los apócrifos —que unos se refieren al Nuevo Testamento y otros al Antiguo— formaron parte de la Biblia y eran citados y admitidos como oficiales. Fue más bien tarde cuando, poco a poco, empezaron a ser excluidos, al considerarlos la Iglesia poco fidedignos.

Antiguamente se conocían como apócrifos los textos de ciertas sectas secretas u ocultas. Hoy, dentro del cristianismo, se consideran apócrifos los textos que no fueron introducidos definitivamente entre los llamados «canónicos» u «oficiales», que, por ·lo que se refiere al Nuevo Testamento, son sólo los cuatro evangelios de Mateo, Marcos, Lucas y Juan.

Los escritos apócrifos son más de lo que uno se imagina. Unos cien, aunque muchos de ellos han desaparecido completamente y de otros se conservan sólo fragmentos. Una de las mejores colecciones de textos apócrifos la ha hecho, en tres volúmenes, la editorial brasileña Mercuryo, dirigida por María Helena de Oliveira Triecca. Se les dejó fuera de la oficialidad por el hecho de que parecían demasiado «fantasiosos». Lo que sí es verdad es que suelen estar escritos con un estilo más ampuloso y menos sobrio que los cuatro canónicos. Pero no siempre. Hay pasajes de los evangelios apócrifos que podrían muy bien estar, sin distinguirse, entre los oficiales, sobre todo los que tratan de los «dichos» de Jesús.

Sin duda, muchos de esos evangelios mezclan cosas reales, transmitidas quizás oralmente por las primeras comunidades cristianas, con fantasías y textos apologéticos. Pero ¿no acontece lo mismo con los cuatro evangelios canónicos? Es curioso que mientras ciertos pasajes de los cuatro evangelios considerados «inspirados» ya nos hemos acostumbrado a leerlos sin que nos parezcan casi fábulas para niños, de los apócrifos todo nos parece exagerado. Cuando se trata, por ejemplo, de ciertos milagros, suele decirse que los narrados en los apócrifos son poco creíbles porque tienen demasiada imaginación y son milagros demasiado espectaculares, olvidándonos de las dificultades que tuvieron no pocos exegetas en aceptar algunos milagros de los evangelios oficiales por el mismo motivo.

Por ejemplo, el milagro de Jesús caminando sobre las aguas, el de su transfiguración en un ser luminoso en el monte Tabor o cuando curaba a algunos ciegos escupiendo en el suelo y haciendo un barro que les aplicaba en los ojos, o la multiplica-

179

ción de los panes y de los peces, o el de la conversión del agua en vino en las bodas de Caná. Si esos milagros, en vez que en los evangelios canónicos estuvieran en los apócrifos habríamos dicho que pertenecían al reino de la fantasía. Pero nos hemos acostumbrado a ellos.

Se dice también que el Jesús niño que aparece en los apócrifos era o demasiado travieso o demasiado mago, pues hacía prodigios por todas partes. Y hasta que era un Jesús de mal genio y poco amigo de la familia. Pero ¿y los quebraderos de cabeza que dieron siempre a la Iglesia algunos textos de los evangelios canónicos que ella no puede rechazar? Por ejemplo, cuando hace poco caso de su madre y de sus hermanos dando a entender que los lazos familiares tienen poca importancia en el Reino de Dios. O cuando afirma que vino a separar al hijo del padre y a los hermanos entre sí, o cuando insulta llamando a algunos víboras, ladrones e hipócritas.

Las diferencias entre los canónicos y los apócrifos se advierten si acaso en un cierto énfasis por parte de los apócrifos en el terreno apologético. Fueron escritos seguramente por cristianos que tenían que defenderse de ciertas acusaciones de los paganos e intentaban exaltar en demasía la figura de Jesús, no sólo como hombre perfecto, sino también como Dios, tratando al mismo tiempo de rellenar las lagunas dejadas por los cuatro evangelistas oficiales sobre ciertos períodos de la vida de Jesús, sobre todo de su infancia y de su juventud. Por ello resulta difícil distinguir si se trata de episodios históricos que los cuatro evangelistas dejaron de narrar porque no los consideraban importantes para lo que ellos pretendían, o si en verdad fueron inventados como una novela. Quizás no lo sepamos nunca.

MUCHAS DE LAS OBRAS DE ARTE Y HASTA FIESTAS RELIGIOSAS ESTÁN INSPIRADAS EN LOS APÓCRIFOS

Es curioso, sin embargo, que algunas de las cosas que hoy los cristianos aceptan en sus creencias y que sobre todo han inspirado tanto arte pictórico no se refieren a los evangelios oficiales, sino a los apócrifos, y que no pocos pasajes de los evangelios que después la Iglesia consideraría como apócrifos aparecen citados y comentados en los escritos de los primeros Padres de la Iglesia.

En la piedad cristiana existen pasajes que muchos creyentes están convencidos que pertenecen a los evangelios canónicos y, sin embargo, son de los apócrifos. Por ejemplo, el nacimiento de Jesús en una gruta o cueva. Eso se halla sólo en los apócrifos. En el evangelio de Mateo se habla de que María estaba con su hijo en una casa cuando llegaron los tres magos de Oriente. En el evangelio de Lucas se habla de que nació en un pesebre. Y en los evangelios de Marcos y de Juan no se nombra su nacimiento.

Lo mismo ocurre cuando se habla de que los magos eran tres «reyes». Eso sólo aparece en los apócrifos. En los canónicos se habla sólo de «magos». Los nombres de Melchor, Gaspar y Baltasar también aparecen sólo en los apócrifos. O el episodio de la Verónica, la mujer que, camino del calvario, enjuga con un lienzo blanco el rostro ensagrentado de Jesús. También esa escena aparece sólo en los apócrifos. Y, sin embargo, existe hasta una reliquia de ese paño de la Verónica, en el cual, según la tradición, quedó impreso el rostro sufriente de Jesús. Parece ser que ese episodio, que formaba parte de una de las estaciones del ejercicio piadoso del via crucis, ha desaparecido últimamente precisamente porque se hablaba de él sólo en los evangelios apócrifos. Lo mismo puede decirse de los nombres de los dos ladrones que fueron crucificados con Jesús, uno a su derecha, Dimas, el bueno, y otro a su izquierda, Gestas, el malo. O del nombre del soldado romano, Longinos, que atravesó con su lanza el costado de Jesús. Todos esos nombres aparecen sólo en los apócrifos. Y hay más, existen festividades de la liturgia católica que están tomadas de los apócrifos, como las festividades de San Joaquín y Santa Ana, los padres de la Virgen María, que se celebran conjuntamente el 26 de julio, o la fiesta de la Presentación de la Virgen en el templo el 21 de noviembre.

La mayoría de los apócrifos se han conservado en traducciones y no en su lengua original, y fueron escritos entre los siglos II y IV d.C., generalmente después de los evangelios canónicos, aunque no todos. Algunos se piensa que pueden ser del siglo I. Y hay apócrifos para todos los gustos: de la Natividad, de San José, de la Infancia de Jesús, de la Virgen María, de San Pedro y hasta de Pilato. Son evangelios que nos transmiten la idea que de Jesús se habían hecho las comunidades cristianas de aquel tiempo. Fueron más difundidos en Oriente que en Occidente. En el mundo del arte y de la literatura, los apócrifos inspiraron a cientos de pintores y literatos, desde Dante, en la *Divina Comedia*, a Milton, en el *Paraíso Perdido*. Hasta Calderón de la Barca, en los *Autos Sacramentales*, hace uso de los apócrifos. También en los frescos de la famosa basílica romana de Santa María la Mayor existen escenas tomadas de los evangelios apócrifos.

A LA COMADRONA QUE QUISO EXAMINAR A MARÍA PARA SABER SI SEGUÍA SIENDO VIRGEN DESPUÉS DEL PARTO SE LE SECÓ LA MANO

Gracias a estos apócrifos, concretamente el Proto-Evangelio de Santiago o de la Natividad de María, sabemos muchas cosas de la infancia de la Virgen, de la que nada cuentan los evangelios canónicos. Se dice que los padres de María, Joaquín y Ana, eran de buena posición social, pero eran ancianos y estériles, y se avergonzaban de ello en un contexto cultural donde la fecundidad era un bien precioso. Por ello, Joaquín, entristecido, dejó a su mujer Ana y se fue al desierto con sus rebaños, donde así rezó: «No saldré de aquí, ni comeré ni beberé hasta que el Señor no me visite; que mis oraciones me sirvan de comida y de bebida».

Al mismo tiempo su esposa Ana gemía de dolor diciendo: «Lloraré mi viudez y mi esterilidad». Hasta que se le presentó un ángel que le anunció que tendría una hija y que de su prole se hablaría en el mundo entero. Llegaron entonces dos mensajeros que le anunciaron que su marido Joaquín estaba volviendo del desierto con sus rebaños, pues un ángel le había anunciado también a él la buena nueva. Joaquín, al saber la noticia, sacrificó a Dios diez ovejas sin mancha, entregó doce terneras de leche para los sacerdotes del templo y mató cien cabritos para dar de comer a todo el poblado.

Ana esperó a su esposo a la puerta de casa, y al llegar éste, echándosele al cuello, le dijo: «Ahora veo que Dios me bendijo copiosamente, pues siendo viuda dejé de serlo y siendo estéril voy a concebir en mi vientre. Y aquella noche durmieron juntos.» A los nueve meses Ana dio a luz a una niña, a la que dio el nombre de María y amamantó a sus pechos.

Cuenta este evangelio apócrifo cómo María crecía llena de piedad religiosa y que una serie de doncellas judías se dedicaban a entretenerla. Y que al cumplir los doce años, los sacerdotes se reunieron para dilucidar cómo buscarle marido. Y una vez más es un ángel quien les resuelve el problema. Les dice que reúnan a todos los viudos del país, que se presente cada uno con un bastón y que aquél en el que Dios hiciese una señal sería el esposo de María. Al llegar al templo el sumo sacerdote Zacarías recogió todos los bastones. Al salir de la oración se los fue devolviendo. José era el último, y mientras los demás no habían recibido señal alguna, al tomar José su bastón una paloma empezó a volar alrededor de su cabeza. Entonces Zacarías dijo: «A ti te ha cabido la suerte de recibir bajo tu custodia a la Virgen del Señor».

En otros apócrifos el milagro fue que el bastón de José floreció, que es como aparece en no pocas de las pinturas antiguas. Sigue el evangelio apócrifo contando que José se asustó ante el milagro y dijo: «Es que yo soy ya anciano y María es una niña. No me gustaría ser objeto de burlas». Zacarías le recordó que Dios castiga duramente a quienes se oponen a sus planes y José aceptó cuidar de María. Lo que sigue es muy parecido a lo que se lee en el Evangelio de Lucas.

Hay, sin embargo, un episodio para probar la virginidad de María que no aparece en los evangelios oficiales. Los apócrifos insisten en la triple virginidad: no conoció a varón y, por tanto, era virgen antes del parto; siguió siendo virgen en el parto y después del parto. Para probar esa triple virginidad, los apócrifos hablan de la prueba del agua que se hacía a las mujeres de cuya fidelidad se dudaba. El marido llevaba a la mujer ante el sacerdote, el cual, mientras recitaba unas maldiciones, mezclaba agua bendita con polvo de la calle y se la hacía beber a la mujer de la que se sospechaba. Si la mujer no era culpable, no le pasaba nada; pero si lo era, se quedaba estéril. En el caso de María bebieron el agua ella y su esposo José.

La otra prueba, la de su virginidad a pesar del parto, la hicieron dos comadronas. Sobre sus nombres no se ponen de acuerdo dos de los apócrifos. Una de ellas cree en la virginidad de María; la otra, no, y pide hacer una prueba metiendo sus dedos «en su naturaleza». La partera examinó a María, y al constatar que era virgen dio un grito, pues se dio cuenta de que la mano con la que había examinado las partes íntimas de la Virgen «se había desprendido carbonizada». Desesperada se arrodilla y pide a Dios que se compadezca de ella. Y un ángel la tranquiliza. Le pide que acerque su mano carbonizada al niño recién nacido. Así lo hizo y quedó curada inmediatamente. De esa forma Jesús hizo su primer milagro recién nacido.

Precisamente para probar que María fue virgen después del parto y que no tuvo relaciones con su esposo a pesar de que los evangelios hablan de varios hermanos y hermanas de Jesús, los apócrifos intentan explicarlos contando que José era viudo cuando se casó con María casi niña y que de su matrimonio anterior había tenido varios hijos, que serían los hermanos de Jesús, a los que se refieren los evangelios canónicos. En el evangelio apócrifo, en el que narra con pelos y señales la vida de José (de ahí la tradición de que era carpintero), se habla de que había tenido cuatro hijos y dos hijas. Sus nombres eran: Judas, Josetos, Santiago, Simón, Lisia y Lidia. Cuentan que José murió con ciento once años, que tenía noventa y tres cuando se casó con María y que conservó la lucidez hasta el momento de morir.

JESÚS ERA UN NIÑO TRAVIESO QUE HACÍA PRODIGIOS PARA VENGARSE DE SUS ENEMIGOS

En el evangelio árabe de la infancia se narra la historia de la circuncisión de Jesús, realizada al octavo día de su nacimiento, según las prescripciones

186

judías. Cuenta el evangelio que Jesús fue circuncidado en la misma gruta donde nació, y que una mujer anciana recogió su prepucio y lo colocó en un vaso de alabastro lleno de aceite de nardo añejo. Como la anciana tenía un hijo que era comerciante de perfumes, María le dijo: «Mucho cuidado en no vender este frasco aunque te den trescientos dinares». Pero fue aquél el vaso que un día compraría la prostituta María Magdalena, lavando con su perfume los pies y la cabeza de Jesús. Del prepucio de Jesús se conservan aún hoy algunas reliquias en diversas iglesias católicas.

En el evangelio apócrifo *La infancia de Jesús*, atribuido a Tomé, «filósofo de Israel», que no hay que confundir con el texto gnóstico del *Evangelio según Tomé o Dídimo*, se narra la infancia de Jesús desde los cinco a los doce años. Es uno de los más antiguos, probablemente del siglo I d.C. Parece ser que todos los apócrifos que tratan de la infancia de Jesús, y cuyos originales fueron traducidos después al griego, sirio, latín y eslavo, están basados en un texto que no se ha conservado y que debió ser muy antiguo.

Precisamente una de las finalidades de los evangelios apócrifos fue el saciar una cierta curiosidad de los primeros cristianos por conocer la primera infancia de Jesús, de la que nada cuentan los evangelios canónicos, si se exceptúa su nacimiento y el episodio del enfrentamiento con sus padres cuando se pierde en el Templo.

La imagen que de Jesús-niño aparece en estos evangelios es curiosa. Está tan llena de prodigios, que por eso los apócrifos fueron considerados más bien fruto de la fantasía de sus autores que de una realidad histórica. Aunque tampoco se puede olvidar que de la vida adulta de Jesús contada por los evangelistas oficiales, si se quitaran los milagros obrados por el profeta de Nazaret quedaría muy poco de su vida. De ahí el que, a pesar de que los milagros de Jesús fueron siempre el mayor motivo de críticas y contrastres con los críticos del cristianismo, al mismo tiempo siempre han formado parte esencial e ineludible de la vida de Jesús, a quien no se le concibe sino como un profeta que hacía prodigios, curaba a los enfermos y liberaba a los endemoniados.

Lo que ha hecho más difícil aceptar la veracidad de los apócrifos en lo referente a la infancia de Jesús es que se trata de milagros de alguna manera gratuitos, aunque no todos, y que ofrecen una imagen del niño Jesús no siempre ejemplar, ya que aparece como un muchacho a veces irascible, a veces peleón o vengativo. Y a veces de mal genio o caprichoso.

La verdad es que tampoco es muy ejemplar la única escena que de Jesús adolescente presentan los evangelios canónicos, esa versión de Lucas, que narra cuando el niño se quedó en el Templo de Jerusalén discutiendo con los doctores de la ley sin avisar a sus padres, que lo buscaron desesperados pensando que le habría ocurrido algo malo, de la que ya hemos hablado anteriormente. ¿Y en los apócrifos? En ellos, en sus diferentes versiones, Jesús ya desde muy niño aparece haciendo prodigios espectaculares, desde curar a una muda a encantar serpientes. Hasta devuelve la figura humana a un hombre a quienes unas mujeres con sus sortilegios habían convertido en un mulo.

En alguna ocasión leones y dragones se echan a sus pies sin hacerle daño. Otra vez cura a su hermano Santiago de la picadura de una víbora y devuelve la vida al niño Zenón, que había muerto al caer en un pozo, hecho del que había sido acusado Jesús. A pesar de que el sábado era sagrado para los judíos y no podían realizar ningún tipo de trabajo manual, Jesús construyó en sábado doce pajaritos de barro, sopló sobre ellos y los hizo volar. Jugando con los otros, todos moldeaban figuras de animales hechos de barro. Jesús hizo alarde de sus poderes y mandó a los suyos que empezaran a caminar. Y así fue. Al pasar un día al lado de los trescientos sesenta y cinco ídolos que había en Egipto en el llamado Capitolio, todos se hicieron pedazos.

En algún caso sus milagros encerraban una cierta crueldad. Una vez alguien se atrevió a destruir unas pozas de agua que el niño Jesús había construido. Indignado le dijo: «Malvado, impío e insensato, ¿es que te estorbaba esa agua? Te vas a quedar seco como un árbol, sin que puedas dar hojas, ni raíces, ni frutos». Y cuenta el evangelio apócrifo que el niño se quedó seco. Los padres del niño se fueron llorando ante José, padre de Jesús, maldiciéndolo por tener un hijo que hacía semejantes cosas.

Otra vez un niño venía corriendo y tropezó con él. Jesús, irritado, le dijo: «No continuarás en tu camino», y enseguida cayó muerto. Las personas que veían estas cosas se preguntaban de dónde procedería aquel niño que convertía en realidad todo lo que decía. José, acuciado por la gente, llamó a Jesús aparte y lo amonestó diciendo: «¿Por qué haces estas cosas? ¿No ves que la gente nos odia y nos persigue?». A veces José, no pudiendo más, lo cogía por la oreja y lo sacudía con fuerza. En otras ocasiones, sin embargo, después de haber hecho morir a algún niño que lo contrariaba, se compadecía de él y lo resucitaba.

Otros milagros eran más inocentes. Cuando tenía seis años su madre María lo mandó con un cántaro de barro a coger agua del pozo. Al volver se le rompió el cántaro. Entonces se quitó el vestido con el que se cubría y con él recogió el agua que llevó a su madre, quien se quedó maravillada del prodigio. En otra ocasión Jesús había ido a la plaza de su pueblo donde un grupo de niños estaba jugando. Viendo a Jesús se escondieron de miedo. Jesús los convirtió a todos en carneros de tres años y los llamó diciéndoles que fueran a reunirse con él, que era su pastor. Los niños salieron todos transformados en carneros. Y ante las madres de los niños aterrorizados, Jesús les dijo: «Venga, niños, venid a jugar». Y enseguida los carneros volvieron a convertirse en personas.

En el evangelio armenio de la infancia se narra una conversación de Jesús-niño con dos soldados que podría muy bien estar en los evangelios oficiales: «Jesús, deseoso de mostrarse ante el mundo, encuentra a dos soldados riendo. Uno de ellos, viendo al niño sentado al lado de un pozo, le pregunta: "Niño, ¿de dónde eres? ¿Adónde vas? ¿Cómo te llamas?". Jesús respondió: "Si te lo dijera, no lo entenderías". El soldado volvió a preguntarle: "¿Viven aún tus padres?". Jesús respondió: "Sí, mi Padre vive y es Inmortal". El soldado respondió: "¿Cómo Inmortal?". Y Jesús insistió: "Sí, Inmortal desde el principio y la muerte no tiene poder sobre Él". El soldado insistió: "¿Qué es eso de que vivirá siempre y que tiene la inmortalidad garantizada?". Jesús le dijo: "No serías capaz de conocerlo ni de tener una idea aproximada de Él". El soldado volvió a preguntar: "¿Quién entonces puede verlo?". Y Jesús: "Nadie". Volvió a la carga el soldado: "¿Pero dónde está tu padre?". Y Jesús: "En el cielo, encima de la tierra". Y el soldado: "¿Entonces cómo puedes ir tú donde él está?". Jesús respondió: "Ya estuve allí y aún ahora estoy en su compañía". El soldado: "De verdad no puedo entender lo que dices". Y Jesús: "Por eso es indecible e inexplicable". Y el soldado: "¿Quién puede entonces entenderlo?". Jesús le responde: "Si me lo preguntas, te lo explicaré". Y el soldado: "Sí, por favor, explícamelo". Y el evangelio añade que Jesús les explica su origen divino y temporal, y que los soldados aceptan su explicación y se despiden de él».

Se trata, sin duda, de un texto apologético parecido a otros de los evangelios canónicos creados por los evangelistas para defender el origen divino de Jesús antes de encarnarse en la tierra.

Los evangelios apócrifos también hablan de los episodios de la muerte y pasión de Jesús. O, mejor, hablaban, porque muchos de los que tenían este argumento han desaparecido y sólo se conservan citados por otros autores, como, por ejemplo, algunos de los Padres de la Iglesia.

Todos ellos tienen, sin embargo, una característica, y es que tratan de quitar a los romanos la culpa de la muerte de Jesús, echándola abiertamente sobre los judíos. Se nota que estuvieron escritos cuando ya los primeros cristianos o tenían miedo de los romanos, que empezaban a perseguirlos, o querían congraciárselos. Se nota también que cuando se escribieron esos evangelios ya se desconocían algunos usos de los judíos del tiempo de Jesús, como ha hecho notar Jesús Palacios. Por ejemplo, se habla de que en el momento de la muerte de Jesús en vez de rasgarse en dos «el velo del Templo» de Jerusalén, como cuentan los evangelios canónicos, se rompió «el dintel de la puerta del Templo». Probablemente en aquel momento resultaba difícil explicar a los cristianos lo que era el velo del Templo y prefirieron decir que se había roto la puerta, sin saber que en el Templo judío no existía una sola puerta para entrar, como en las iglesias católicas, sino muchas.

En el evangelio apócrifo de Pedro, atribuido al apóstol Pedro, el buen ladrón Dimas increpa a la multitud judía diciendo: «¿En qué os ha perjudicado?».Jesús, en el momento de expirar, exclama: «¡Fuerza mía, Fuerza mía, tú me has abandonado!». en lugar del «¡Dios mío, Dios mío!» de los evangelios canónicos, y relata que después de morir le sacaron los clavos de las manos.

En el mismo evangelio afirma que «los judíos, los ancianos y los sacerdotes se dieron cuenta del mal que se habían acarreado a sí mismos (al matar a Jesús) y empezaron a golpearse sus pechos diciendo: "¡Malditas nuestras iniquidades! He aquí que se nos echa encima el juicio y el fin de Jerusalén".»

En el evangelio de los nazarenos, que también se ha perdido, se decía que alrededor de la cruz de Jesús «miles de judíos creyeron en él», siendo, lógicamente, imposible que alrededor de su cruz hubiera toda aquella gente.

Es claro que también en los evangelios apócrifos, como sucede en los canónicos, y quizás más aún, se han unido elementos ciertamente históricos con explicaciones y añadidos de carácter apologético, según las necesidades y las polémicas del tiempo en que se escribieron. Por eso tampoco de ellos, a pesar de que durante mucho tiempo fueron considerados igual de creíbles que los canónicos, se puede sacar una idea aproximada de lo que Jesús hizo y dijo durante su vida mortal. Son también la narración literaria de lo que algunas comunidades cristianas —en el caso de los apócrifos sobre todo en Oriente— pensaban y creían del profeta de Nazaret.

13

Jesús y su relación con las mujeres

El aspecto más revolucionario del profeta de Nazaret fue, sin duda, las relaciones de libertad que mantuvo con las mujeres en un época y en el seno de una religión, como la judía, en las que la mujer estaba vista como un ser inferior a la total disposición del hombre, hasta el punto de ser considerada como su «colchón».

Jesús rompe con las mujeres todos los tabúes de una época en la que la mujer no podía ser colocada en el plano del hombre, ya que el marido estaba considerado como el Sol y la mujer como la Luna, es decir, un ser sin más luz propia que la que recibía del marido. Jesús ignora la situación de inferioridad de la mujer de su tiempo y la trata en un plano de igualdad, olvidándose de todas las prohibiciones que giraban sobre ella, y la asocia a su vida pública con total normalidad.

Aunque ya hemos dicho que es difícil conocer históricamente los aspectos de la vida concreta de Jesús, no cabe duda de que en el tema de la mujer existe una gran coincidencia en todos los textos evangélicos, canónicos y apócrifos en presentar a aquel profeta judío echándose a la torera la situación de inferioridad de la mujer. Más aún, para él la mujer aparece como el símbolo de todo lo que debe ser rescatado a su libertad original, el símbolo de la nueva forma de vida que predicaba y en la que ya no debería haber distinción entre hombre y mujer, revolucionando así el viejo concepto de poder centrado esencialmente en el mundo masculino.

Daniel Boyarin, en su obra *Israel carnal*, hace un esfuerzo muy noble para intentar rescatar parte de la imagen negativa de la mujer en la cultura talmúdica, explicando cómo existía un esfuerzo, por lo menos en ciertas corrientes más abiertas del judaísmo, para no dejar a la mujer completamente fuera del ámbito de los placeres del sexo y para que el marido tuviera en cuenta la situación de fragilidad de la mujer y apreciara sus cualidades.

Boyarin intenta al mismo tiempo justificar por qué a la mujer se la tenía alejada de lo que era la práctica de mayor prestigio de la cultura: el estudio de la Torá, subrayando que dicha práctica era más del judaísmo babilonio que del palestino, en el cual se permitían algunas excepciones a dicha prohibición.

«Te doy gracias, Señor, por no haberme hecho mujer»

La obra de Boyarin es sincera; pero, a pesar del esfuerzo que hace para rescatar algunos aspectos en favor de la mujer judía, en ella aparece muy claro que, al igual que en las culturas antiguas, también en el judaísmo la mujer era un ser inferior al hombre. Tan inferior que todo judío tenía que dar gracias a Dios, en su oración de la mañana, «por no haberme creado mujer». Y la mujer respondía en voz baja: «Bendito sea el Señor, que me ha creado según su voluntad».

Sobre esta oración han existido y existen aún hoy diferentes interpretaciones para demostrar que no se trataba de un desprecio hacia la mujer, sino más bien de un reconocimiento del papel sacrificado que le competía en la sociedad y en la familia.

El judío varón daría gracias a Dios, según dichas interpretaciones benévolas, porque la mujer, por su papel esencial de tener que asegurar la identidad judía y de ser la transmisora y la perpetuadora de sus tradiciones y de la educación de los hijos, no podía permitirse el lujo de estudiar las Escrituras, cosa que la dejaba al margen de la esencia de la cultura de su tiempo. De ahí que el hombre diera gracias a Dios en cada despertar por haberlo librado de semejante responsabilidad, permitiéndole así poder dedicarse al estudio.

Basta, sin embargo, dar un vistazo a lo que de verdad representaba la mujer en la sociedad del tiempo de Jesús para darnos cuenta de que los hombres tenían más de un motivo para agradecer al Altísimo el no haberles hecho mujer y sí varón. La mujer, en efecto, contaba tan poco que el historiador judío Flavio Josefo llegó a escribir que ella «es inferior al hombre en todos los sentidos». La mujer judía estaba tan retirada en sus faenas familiares y era para ella tan importante la fidelidad al marido que en la calle no podía pararse a conversar con un hombre, ni siquiera con el propio marido, para que no pudiera haber sospechas sobre su conducta.

En casa la mujer debía estar con la cabeza cubierta y debía vivir retirada. En el Templo podía llegar sólo hasta el vestíbulo y nunca participaba ni podía tomar la palabra en la sinagoga. A la mujer no se le podían enseñar las Escrituras ni podía estudiar. Las mujeres cuando estaban menstruando eran impuras y hacían impuro todo lo que tocaban. Y mientras al hombre se le permitía divorciarse, ellas no podían hacerlo por motivo alguno. Parece que sólo a la mujer casada con un hombre que trabajara en curtir pieles, el rabino podía concederle el divorcio si demostraba que no podía soportar el mal olor de su cuerpo. Pero quedaba al arbitrio del rabino.

La mujer sorprendida en adulterio era condenada a muerte por el método de la lapidación pública. Tenía tan poco valor la palabra de la mujer que no podía ser testigo creíble en un juicio ante los tribunales. Tampoco podía heredar, y su autonomía como mujer era tan poca que, cuando moría el marido, pasaba bajo la potestad del hermano y si éste estaba soltero tenía que casarse con él. En algunos pasajes de la Biblia la mujer está catalogada como un bien patrimonial del cual el varón, padre o marido, dispone a su voluntad.

Según el Libro del Eclesiastés: «Es preferible la malicia de un hombre al bien realizado por una mujer.» Y el Libro de los Proverbios califica a la mujer de «estúpida», «peleona» y «lunática». Pero lleva razón Boayrin en afirmar que fuera del judaísmo, en tiempos de Jesús, el panorama para la mujer era aún peor si cabe, ya que por lo menos el judaísmo tenía un gran aprecio por el cuerpo y sus funciones reproductivas, y nunca privó a la mujer, por ejemplo, de gozar de los placeres del sexo.

En los alrededores de Palestina, la mujer estaba considerada poco más que un animal. En el culto de Mitra, que era entonces floreciente y que compitió con el cristianismo primitivo hasta el siglo IV, la mujer estaba excluida de todo tipo de religión, pudiendo sólo abrazar la prostitución sagrada.

Para los paganos la mujer era «el peor de los males»

Lo mismo ocurría entre los filósofos paganos. Platón, por ejemplo, afirmaba que no existía lugar para la mujer y que incluso sexualmente eran mejor los jóvenes que las mujeres. Sócrates ignoraba por completo a la mujer, como si no existiera. Para Eurípides la mujer era «el peor de los males». Para Aristóteles, que fue el inspirador de Santo Tomás y que influenciaría toda la filosofía y teología occidental, la mujer «posee una naturaleza defectuosa e incompleta». De ahí el que en la *Suma Teológica*, de Tomás de Aquino, se llegue a poner en duda la existencia del alma de la mujer. Y hasta Cicerón escribió que «si no existieran las mujeres los hombres serían capaces de hablar con Dios».

Para entender lo revolucionario que Jesús fue en su tiempo en relación con las mujeres tampoco conviene olvidar que no sólo entonces, sino que incluso en los tiempos modernos, entre los laicos iluminados, la mujer siguió ocupando un lugar inferior al hombre. Giordano Bruno afirma, por ejemplo, que la mujer está «vacía de todo mérito», y que en ella «sólo existe soberbia, arrogancia, orgullo, ira, falsedad y lujuria». El mismísimo Nietzsche, en su libro *Así habló Zaratrustra*, escribe: «¿Vas a mujeres? No te olvides el látigo». Y el gran Dostoyevski escribió: «La mujer sólo el diablo sabe lo que es, yo no entiendo nada de ella».

En el siglo XVIII, en pleno desarrollo de la ciencia, se sostenía que la mujer era inferior al hombre porque su cerebro pesa sólo mil doscientos gramos contra los mil trescientos veinte del hombre. Aún hoy no existe una sola logia masónica donde sean admitidas las mujeres, ni existen mujeres rabinas, ni mujeres sacerdotisas católicas. Incluso en las democracias modernas se ha seguido, hasta hace poco, negando el derecho de voto a la mujer.

El profeta de Nazaret, para quien la mujer nunca tuvo menor dignidad que el hombre y a la que defendió a capa y espada contra quienes lo provocaban para que aceptase su inferioridad, fue pronto corregido por sus seguidores dentro de la Iglesia que lleva su nombre. Empezando por Pablo de Tarso, que se calla la presencia de las mujeres en la muerte y resurrección de Jesús y que acuñó la frase bendecida hasta hoy por la Iglesia de que la mujer debe vivir «sometida al marido». También el gran San Agustín, quien, tras haber disfrutado bien del mundo femenino durante su vida libertina antes de su conversión, lo mejor que sabe decir de la mujer es que «es un animal que se complace sólo en mirarse al espejo». Y hoy todas las iglesias siguen siendo profundamente masculinas en sus estructuras oficiales.

JESÚS ROMPE CON TODOS LOS TABÚES CONTRA LA MUJER

Rompiendo con todas las tradiciones culturales de su tiempo, Jesús trató a la mujer como a un igual. Con ella hablaba en público; las mujeres lo acompañaban en sus correrías apostólicas junto con los otros discípulos; a ellas les enseñaba su doctrina contraviniendo las normas de su religión judaica. Las tocaba y se dejaba tocar y acariciar por ellas, incluso en el caso de la *hemorroisa cananea*, que, además de ser pagana y, por tanto, una apestada para los judíos, era impura por padecer un flujo de sangre.

Cuando entra en la casa de su amigo Lázaro, Jesús exalta la postura de su hermana María, quien, al contrario de su hermana Marta que se afanaba por hacer las tareas de casa preparando la comida, se sienta a sus pies para escuchar sus palabras. Está claro que el profeta no quiso reprochar a Marta su solicitud en hacerle agradable su visita, sino que quiso poner de relieve que en una sociedad en la que a la mujer no se le podía enseñar la Biblia era de alabar la actitud de María, que, contradiciendo su cultura, se preocupa por saber los misterios del nuevo Reino proclamado por Jesús.

Defiende a una prostituta que, entrando en la casa de un fariseo que le había invitado a comer, rompe un frasco de esencias preciosas y lava con ellas los pies del misionero itinerante. Ante el fariseo que se escandaliza y que comenta: «Cómo se ve que no sabe quién es esa mujer», Jesús la defiende alegando que aquella mujer —que para él era sólo una mujer, pues no juzgaba su vida— se había portado con mayor delicadeza y premura que él.

En otra ocasión, cuando también otra mujer repitió el mismo gesto ungiendo con aromas preciosos los pies y el cabello de Jesús, los apóstoles, que estaban presentes, se irritan diciendo que mejor hubiese sido gastar el dinero de aquel perfume con los pobres. Jesús les recrimina diciendo que aquella mujer había intuido mejor que ellos lo que él representaba y que sabía que pronto su cuerpo iba a ser sacrificado en la cruz. Jesús no perdía ocasión no sólo para repetir con palabras y gestos que la mujer no era inferior al hombre, sino también para exaltar sus cualidades, sobre todo su sensibilidad, como superiores a las del varón.

La escena de Jesús salvando de la muerte por lapidación a la mujer que unos ancianos habían sorprendido en flagrante adulterio es una escena tan fuerte que sólo en el Concilio de Trento pasó a formar parte de los evangelios canónicos. Hasta entonces esa página había sido censurada siempre. Los autores griegos la ignoraron hasta el siglo XI, y fue conocida por los autores latinos sólo a partir de San Panciano de Barcelona y de San Ambrosio en el siglo IV. Seguramente dicha página no era aceptada como auténtica, dada la rígida disciplina contra el pecado de adulterio que existía en las primeras comunidades cristianas, las cuales, en vez de seguir la actitud de defensa de la mujer pecadora de Jesús, prefirieron eliminar dicha escena del evangelio.

Sin embargo, es una página capital para entender las relaciones de Jesús con la mujer. Cuenta el evangelio que llevaron a aquella mujer adúltera ante sus pies para provocarle y ponerle a prueba. Ello indica que el profeta tenía fama de defender siempre a la mujer y que a los sacerdotes les molestaba que las pusiese hasta como ejemplo a los hombres. Quieren por eso saber si ante el gran pecado de adulterio se iba también a atrever a defender a aquella mujer. No se esperaban que no sólo la iba a defender, sino que les iba a poner a ellos en ridículo diciéndoles que si estaban tan limpios y sin pecado, es decir, si ellos nunca habían adulterado, que empezasen a apedrearla. Y cuenta el evangelista que se fueron alejando todos, «empezando por los más viejos». Curiosamente, el único hombre que hubiese podido arrojar la primera piedra era él. Pero no lo hace y salva a la mujer de la muerte. No le impone penitencias. La despide con un cariñoso: «Vete en paz».

Alguien ha escrito que aquel día Jesús restableció en su sociedad la igualdad entre el hombre y la mujer, pues si el hombre no era condenado a muerte cuando adulteraba, tampoco debía ser condenada la mujer adúltera. Y hay algunas teólogas que afirman que Jesús fue más allá: que aquel día mientras los hombres se alejaron con el corazón duro, sin purificarse de su arrogancia y de su orgullo, la mujer adúltera se volvió a su casa reconciliada, con la paz flotando en su alma, nueva, resucitada y llevándose en su corazón, para meditarlas toda la vida, las únicas palabras que Jesús escribió en su vida, con su dedo, sobre el polvo de las losas del templo.

En dicha escena, Jesús aparece, además, como contrario a la pena de muerte. Y él, que nunca defendió que debía ser quebrantada la ley de Moisés, que era la de sus padres, dejó, sin embargo, claro, que era una hipocresía que los hombres pudieran pecar impunemente y que la mujer tuviera que ser condenada a muerte. Jesús podía haber dejado que se cumpliera la literalidad de la Ley, que lapidaran a la mujer limitándose a bendecirla y perdonarla mientras moría, como hacen hoy los capellanes católicos ante el condenado a la silla eléctrica o como han hecho en todas las guerras ante los fusilados o a la puerta de los hornos crematorios.

No, Jesús empezó salvando la vida física de la mujer, que es el primer bien que el hombre posee y que nadie, ni el Estado, tiene el derecho de sacrificar. Y sólo después de salvarle la vida tranquilizó su conciencia animándola a ser fiel en adelante. Bien lejos de aquella actitud del profeta contra la pena de muerte —a la que él iba a ser injustamente condenado— es la que sigue manteniendo la Iglesia, que en su catecismo universal defiende su legitimidad en determinadas circunstancias. El mismo Vaticano, como Estado independiente, mantuvo la pena de muerte dentro de sus muros, para sus ciudadanos, hasta Pablo VI, que la abolió después del Concilio Vaticano II.

JESÚS NUNCA NEGÓ NADA A UNA MUJER

Mientras los otros profetas de Israel curaban sólo a los hombres enfermos, Jesús no hacía distinciones y curaba también a las mujeres y arrojaba de ellas a los demonios. El mismo evangelista Lucas dice que a Jesús le seguían, junto con sus discípulos, «mujeres que habían sido curadas de espíritu malignos y de las que había arrojado siete demonios», como era el caso de la prostituta María Magdalena.

Una de las mujeres curadas por Jesús fue la suegra de Pedro. Cuenta el relato que el profeta entró en su casa, la tomó por la mano y, tras haberla curado, se sentó a la mesa, donde ella le sirvió la comida a él y a sus discípulos. Son tres gestos bien significativos y revolucionarios. Primero, un profeta o rabino que se acerca a una mujer, algo prohibido; segundo, la toma por la mano, más prohibido todavía, y, tercero, se deja servir por ella, siendo impura al estar enferma.

No hay una sola vez en los evangelios que una mujer le pida algo a Jesús y que él no se lo conceda. Incluso en el caso de la madre de Jairo, que le pide que cure a su hija atormentada por un demonio, a pesar de que al principio Jesús se resiste —porque era una mujer pagana y los profetas judíos no debían tener relaciones con los paganos y menos hacerles favores—, acaba curándola y alabando la fe de la madre. Menos tiernos eran los discípulos, que en este caso, ante la insistencia de la mujer que seguía pidiéndole el milagro para su hija, le dicen a Jesús «que la eche».

Generalmente los apóstoles se extrañaban, si es que no se escandalizaban, de la actitud liberal de Jesús con las mujeres, una categoría que también a ellos les merecía pocas consideraciones. En el caso de la samaritana, los discípulos llegan a alejarse porque no podían creerse lo que estaban viendo con sus ojos: una especie de coqueteo entre Jesús y una mujer samaritana, es decir, enemiga de la religión judía. Una mujer que, según Jesús, le reveló que «había tenido cinco maridos y el que tenía no era el suyo». Es decir, una superpecadora, ya que las mujeres de aquel tiempo no podían tener más hombre que a su marido.

Jesús se olvida de lo que era aquella mujer y entabla con ella un interesante diálogo sobre el agua material y el agua espiritual. Y acaba haciendo la mayor de las herejías: enviarla a ella, mujer y pecadora, a prepararle el camino en su pueblo para que pudieran recibirle como profeta judío. De ahí que aquella mujer pagana haya sido considerada como la primera misionera del cristianismo, en una época en que las mujeres sólo podían estar encerradas en sus casas sirviendo a sus maridos y cuidando de los hijos.

Jesús llegó a comparar a la mujer con el nuevo Reino que estaba predicando, que era un reino de libertad, de igualdad y de la compasión de Dios por la fragilidad humana. La paridad de la mujer con el hombre Jesús la defendió, más que con palabras, con gestos concretos: no rehuía su trato, la hacía protagonista de sus milagros y objeto de sus parábolas, y hasta la ponía muchas veces de ejemplo a los hombres.

JESÚS ESTABA CONTRA EL DIVORCIO PORQUE SÓLO EL HOMBRE PODÍA SEPARARSE

La Iglesia ha insistido durante siglos en que Jesús fue un gran antagonista del divorcio. No es verdad. Sin duda, discutió del tema en repetidas ocasiones con los discípulos y con los fariseos que lo provocaban. Lo que Jesús contesta no es el divorcio en sí, sino el hecho de que en su tiempo existiera el divorcio sólo para los varones y no para las mujeres. Por eso defiende a la mujer sorprendida en adulterio. Lo que Jesús les dice a los hombres, en una sociedad en la que podían impunemente repudiar a la mujer y echarla fuera de casa, es que no deben hacerlo, puesto que ese mismo derecho no le estaba concedido a la mujer.

Por eso no se pueden interpretar las palabras de Jesús en el contexto de hoy, en el que a ambos les está permitido disolver el matrimonio. En aquella época la discriminada con el divorcio, la que perdía, la víctima, era la mujer y no el hombre. Y en ese caso Jesús, opiniéndose al divorcio —como han subrayado no pocas mujeres teólogas de la liberación—, lo que estaba haciendo era defender a la mujer, que estaba a la merced de que el hombre decidiera o no deshacerse de ella. Sobre todo cuando a la mujer no le era nunca permitido rehacer su vida y quedaba a la merced de la familia.

A diferencia de la legislación griega, romana o egipcia en tiempos de Jesús, la ley judía no permitía el divorcio a la mujer. El adulterio era sólo una deshonra para los derechos del hombre, nunca de la mujer. Comentando este hecho y las palabras de Jesús: «Todo el que repudia a su mujer y se casa con otra adúltera y el que se casa con la repudiada por el marido, comete adulterio», Jonh Kloppenborg escribe así: «Al afirmar que el varón que repudia a su mujer y se vuelve a casar comete adulterio contra ella..., Jesús da por supuesto que la honra no es (¿sólo?) androcéntrica, sino también o igualmente ginecéntrica. La honra sigue considerándose un pseudobien, pero ahora pertenece a la mujer tanto como al varón. De manera que, al divorciarse de su mujer y volverse a casar, el marido le está "robando" su honra a aquélla. En la Palestina de la época de Jesús, donde no se permitía a las mujeres iniciar los trámites del divorcio, no era fácil guardar la dignidad de la mujer. Ése es el motivo de que Jesús utilice de forma tan sorprendente un término tan dramático como el del adulterio. Y de esa manera resalta y sitúa en primer término la honra de la esposa, que debe ser protegida y respetada tanto como la del marido».

Y como subraya Crossan: «No se trata de una oposición de Jesús al divorcio. Para prohibir el divorcio sólo hace falta decir que el divorcio nunca es legal. Aquí el ataque va, en realidad, dirigido contra la "honra androcéntrica", cuyos efectos debilitadores trascendían en buena parte el hecho circunstancial del divorcio. Era también la base de la deshumanización de la mujer, de los niños y de los varones no dominantes».

De alguna forma, aquella discriminación del tiempo de Jesús, que defendía sólo los derechos y el honor de los varones, es lo que sigue perpetrando hoy la Iglesia de Roma cuando la Sagrada Rota permite la nulidad del matrimonio canónico. Generalmente son los hombres quienes piden a la Iglesia la nulidad y quienes lo consiguen y no siempre por canales honrosos. Y lo peor es que, cuando la Iglesia declara nulo el matrimonio de un varón, éste ya no tiene ninguna obligación con su ex mujer.

En el divorcio civil la mujer hoy está por lo menos protegida por la legislación. La postura de la Sagrada Rota es muy parecida a lo que acontecía en tiempos de Jesús en el judaísmo, cuando el hombre, dando el libelo de repudio a la mujer, la dejaba completamente desprotegida. De ahí el que Jesús, que siempre defendió a la mujer y que la colocó al mismo nivel del hombre, se opusiese a un divorcio unilateral, que era sólo en detrimento de la mujer.

Algunos se preguntan qué hubiese dicho Jesús sobre el divorcio en los días de hoy. Sin duda, no lo sabemos. Habría defendido, como los teólogos más progresistas, que la fidelidad es siempre un bien que hay que perseguir, pero nunca hubiese impuesto cargas imposibles de soportar ni hubiese permitido que se perpetuasen situaciones dramáticas sólo por fidelidad a una ley, si se tiene en cuenta su famosa sentencia de que «el sábado —léase la Ley— fue hecho para el hombre y no el hombre para el sábado». Es decir, que la Ley es sólo un instrumento para la liberación de las personas, no para esclavizarlas.

Hay quien se extraña de que el profeta de Nazaret hubiese tratado tan poco el tema del sexo. Cierto es que se trata de un tema casi marginal en los evangelios. No se habla del aborto, ni de las relaciones sexuales, ni del comportamiento de los casados en materia de intimidad. Fue la Iglesia más tarde quien hizo del sexo un tabú y uno de los pilares de la represión de las conciencias.

DOS MANERAS DIFERENTES DE ENTENDER EL CUERPO Y EL SEXO

Para entender por qué Jesús habló tan poco del tema y por qué era tan libre en su trato con las mujeres y hasta sentía una cierta predilección y debilidad por las prostitutas, de quienes llegó a decir que estarían delante de los mismos sacerdotes en el reino de Dios, hay que recordar la diferencia fundamental entre la concepción del cuerpo y del sexo del judaísmo y del cristianismo posterior, contaminado por el helenismo y el platonismo. El judaísmo rabínico atribuía al cuerpo la misma importancia que más tarde el cristianismo atribuiría al alma.

Si es verdad que en el cristianismo quedaron no pocas de las raíces del judaísmo, empezando por el sentido de culpa y el sentido trágico de la vida, sin embargo, en materia de sexo el cambio fue radical. Mientras para el judaísmo el alma es algo que vive dentro del cuerpo, siendo éste, su carne, la verdadera realidad del hombre, para el cristianismo, por el contrario, lo que hace que un individuo sea tal es el alma, siendo el cuerpo sólo un instrumento pasivo de ella. De ahí que para los judíos el sexo fuera algo positivo y digno de vivirse con felicidad, mientras que para los cristianos, por ser un elemento fundamental del cuerpo y de la carne, lo mejor era reprimirlo para dejar libre al alma, que era el elemento esencial de la persona.

Y ahí se abrió un abismo que sigue aún insalvable. Son dos maneras diferentes y hasta opuestas de concebir la realidad humana. Son diferencias no sólo teológicas, sino también sociales y culturales. Mientras para el cristianismo, y en parte para toda la cultura occidental, la virginidad, por ejemplo, adquiere un valor por sí mismo, para el judaísmo rabínico lo importante es la procreación, que asegura la especie y crea la historia de la humanidad. Y de ahí el que la sexualidad adquiera un valor fuertemente religioso, al igual que la comida, que se asocia estrechamente con el sexo en lo que tiene de placer y de creadora de vida, mientras que en el cristianismo la sexualidad quedó estrechamente ligada al mundo del pecado y del demonio y la comida pasó a formar parte, como la lujuria, de los pecados capitales.

Se explica así el que Jesús no obligara nunca a sus discípulos a ayunar, que aceptara con gusto invitaciones de sus amigos, incluso de gente rica, para participar de sus banquetes, hasta el punto de ser tachado de borracho y comilón. Se explica también así que su primer milagro fuera convertir el agua en vino para que en la boda de unos amigos la fiesta pudiera continuar. No es extraño, por tanto, que los apóstoles de Jesús, menos uno, fueran todos casados y que lo fueran también los primeros obispos de la Iglesia, a quienes se les pedía sólo que tuvieran una sola mujer. Sólo más tarde, a partir de un Sínodo celebrado en Granada, la Iglesia, más por motivos de poder y para mantener las propiedades sin dividir que por motivos de religiosidad, empezó a imponer el celibato obligatorio a sacerdotes y religiosos.

Teniendo presentes estas diferencias tampoco choca el que Jesús nunca descendiera a detalles de cómo los matrimonios debían vivir y ejercer su sexualidad. En la cultura judía de su tiempo, aun teniendo en cuenta que la mujer —como en todas las culturas de entonces— estaba vista más bien como objeto al servicio del hombre, sin embargo, existía una gran libertad en la forma de ejercer la sexualidad entre marido y mujer, donde todo estaba permitido, desde el sexo oral al anal, siempre que la mujer no se opusiera.

Por eso era difícil concebir a un judío ejerciendo el celibato o la virginidad por motivos religiosos. Si algunos lo hacían era para poder dedicar todo el tiempo a su misión sin tener que ocuparse de la familia, como hicieron algunos profetas totalmente dedicados a la predicación. Pudo ser éste el caso de Jesús, aunque siempre queda el interrogante de por qué no se casó, ya que la procreación y los hijos eran el mayor bien para un judío. El ejercicio de la sexualidad era siempre un bien y nunca un pecado en cuanto tal.

Sin duda, los judíos entendieron muy bien —y fue más tarde el judío Freud quien mejor lo profundizó— que la sexualidad lleva en sus entrañas un lado destructivo que es inevitable. Pero aceptaban que igual de inevitable era el deseo de ella y que, en su esencia, la sexualidad era una fuerza positiva que aseguraba la existencia y la felicidad corporal.

Una concepción casi opuesta es la defendida por el cristianismo, formado bajo los clichés primero del helenismo y después de la concepción occidental del cuerpo. Tanto es así que sólo en el Concilio Vaticano II, y con mil matices y titubeos, llegó a aprobarse un texto en el que se empieza a vislumbrar que el ejercicio de la sexualidad es algo más que un mal menor para poder asegurar la procreación y perpetuación de la especie, ya que puede ser también un «instrumento humano de diálogo».

Pero de aquello ha quedado muy poco y la Iglesia sigue con una visión negativa del sexo, condenando sus excesos y desviaciones como el mayor pecado, más aún que los pecados contra el espíritu y contra la libertad, permitiéndose legislar —sin ninguna tradición en las Escrituras— hasta el comportamiento más íntimo de los casados bajo las sábanas de su alcoba.

La Iglesia se ha quedado muy lejos de aquella libertad de espíritu de Jesús en sus relaciones con las mujeres y de cómo él las asoció, al igual que a los hombres, sus discípulos, a su misión evangélica sin distinción de sexo. La Iglesia Católica es hoy la única institución del mundo democrático que aún sigue discriminando a la mujer del varón impidiéndole subir hasta el último escalón del sacerdocio, contradiciendo así abiertamente la actitud del profeta de Nazaret, quien, según los evangelios aprobados por ella, la mañana de la resurrección se apareció antes a las mujeres que a los apóstoles, que, muertos de miedo, se habían escondido.

Y fueron ellas quienes tuvieron que confirmar a los débiles discípulos que Jesús no había muerto para siempre, que nada muere definitivamente y que todo puede empezar de nuevo. Cosa, por otra parte, que toda mujer, sobre todo si ha sido madre, puede entender mejor que los hombres, porque es en sus entrañas y con su sangre donde cada día reflorece la vida. ¿No sería eso lo que Jesús intuyó cuando presentó a la mujer como el rostro de Dios y a los niños, el fruto de la mujer, como a los únicos capaces de entender los misterios de la sabiduría?

De la mujer han dicho cosas terribles los hombres de las iglesias, los filósofos y escritores de todos los tiempos, pero también cosas sublimes, como que es la «poesía de Dios» o que «si ellas tuviesen más poder en el mundo habría menos huérfanos». Sin duda, habría menos guerras y violencia.

El mundo, con mucha probabilidad, hoy sería muy distinto si la historia la hubiesen escrito también las mujeres y no sólo los hombres, y si Dios, además de varón y masculino, hubiese reflejado también el rostro y el alma de la feminidad. El profeta maldito de Nazaret intuyó que la mujer, más que el hombre, es el símbolo más visible de la cara compasiva y no vengativa de Dios. Y, por ello, temible y peligrosa para el poder. Jesús las defendió contra todos los poderes. Y ellas, las mujeres, lo amaron más que nadie, fieles a él hasta los pies de la cruz.

14

¿Era Jesús un mago, un profeta o un exorcista?

Los milagros de Jesús, sobre todo los que no están relacionados con alguna curación, es decir, los de carácter más mágico, como el caminar sobre las aguas o multiplicar los panes y los peces y, sobre todo, el de resucitar a los muertos, fueron siempre uno de los mayores motivos de contestación fuera de la Iglesia. Se llegó a pensar que todo el apartado de milagros de los evangelios había sido completamente inventado en el primer siglo del cristianismo para demostrar a los paganos la potencia de Jesús.

La crítica moderna, en tiempos del racionalismo ilustrado, negó rotundamente que los milagros narrados en los evangelios fueran tales, afirmando que habían sido inventados con fines apologéticos. Los defensores de que el cristianismo fue una religión inventada afirman a su vez que toda religión necesita de milagros para afirmarse y que también los primeros cristianos tuvieron que atribuir a Jesús una buena sarta de milagros para demostrar que se trataba de una nueva religión. Lo que se pretendía con los milagros atribuidos a Jesús era demostrar que era superior a otros magos y curadores de su tiempo y, por tanto, que poseía poderes divinos.

R. Bultman llama la atención sobre el hecho de que es el evangelista Marcos quien más milagros narra de Jesús, y Marcos era un helenizado que habría seguido los cánones de la mitología al escribir el evangelio. Según Bultman, es también curioso que la famosa Fuente Q, que se considera muy antigua, casi ignore los milagros de Jesús, es decir, que, mientras existe un evangelio de los «dichos» de Jesús, nunca existió un evangelio de los «milagros».

Otros autores, como Morton Smith, están convencidos de que Jesús era un mago y un verdadero exorcista, que los rabinos judíos lo consideraban poseído por el demonio, en el nombre del cual realizaba sus prodigios y que sólo más tarde, cuando se escribieron los evangelios, se presentó a Jesús como un personaje divino que realizaba prodigios de todo tipo. ¿Quién tiene razón?

Sin duda que puede haber en los evangelios episodios concretos inventados o retocados en clave apologética, pero la característica más evidente del profeta de Nazaret es que hacía milagros, entendida esta palabra como actos o prodigios que los demás mortales no eran capaces de realizar, como curar a un leproso, liberar a un endemoniado de sus fantasmas, resucitar a un muerto o hacer caminar a un paralítico.

Más aún, si la gente seguía a Jesús y si le seguían sobre todo los más pobres y marginados, los parias, los abandonados en la cuneta de la vida, era, más que por sus palabras, por los prodigios que hacía.

Un evangelista dice que Jesús «curaba a todos». De ahí que aún los exegetas modernos más críticos tengan muy pocas dudas de que el aspecto que los evangelios presentan de la actividad milagrosa de Jesús es uno de los más auténticos. Son más de doscientos los episodios en los que Jesús aparece en su breve vida pública realizando algo prodigioso.

Jesús y sus milagros

Si quitásemos de la historia de Jesús sus milagros, poco nos quedaría de su vida, porque conocemos sólo su vida pública, y ésta se basaba fundamentalmente en su actividad como mago y exorcista. Y era a través de sus milagros cómo se iba manifestando su misión de profeta y de anunciador de un Reino nuevo. Los milagros eran como el sello que demostraba la autenticidad de sus palabras. Si era capaz de decirle a un paralítico que se levantara y anduviera, con mayor razón tenía autoridad para decirle que sus pecados le habían sido perdonados.

Porque sus milagros no estaban encaminados sólo a demostrar que él era un mago maravilloso, es decir, sólo para sorprender a la gente, por pura vanidad o por motivos lucrativos, sino que lo que Jesús pretendía con sus milagros —aparte de aliviar el dolor de la gente, ya que él no pertenecía a la teología del sufrimiento— era, según no pocos teólogos modernos, hacer creíble su doctrina nueva que revolucionaba los viejos esquemas del poder y anunciaba unos tiempos nuevos en los que el lobo pastaría pacíficamente junto con la oveja y las espadas se convertirían en arados.

No existiendo, pues, dudas, según los historiadores y especialistas bíblicos, sobre la actividad milagrosa de Jesús, lo que cabe preguntarse es si, en realidad, él era un mago como tantos otros de su tiempo o si era un hombre con poderes terapéuticos especiales, o bien un hombre tan poderosamente religioso que era capaz de curar a las personas y de arrojar los demonios.

Sobre la posibilidad de que Jesús conociera las artes de la magia de su tiempo y que pudiera haber sido iniciado en ellas, sobre todo en la magia egipcia, se han escrito libros enteros. Morton Smith, en su obra *Jesús el mago, claves mágicas del cristianismo* (Ed. Martínez Roca), no tiene dudas de que en Jesús predominaron las actividades mágicas sobre las enseñanzas religiosas y que todos los componentes milagrosos del cristianismo estaban prefigurados en la magia de aquella época.

Muchas de las obras que podrían darnos luz sobre la actividad mágica ejercida por Jesús fueron, sin embargo, destruidas enseguida, desde los tiempos de Constantino, cuando la Iglesia pasó a ser acariciada por el poder y los obispos recibieron órdenes de quemar todos los escritos llamados «heréticos», que no eran otra cosa que aquellos escritos que no coincidían con las fuentes oficiales. Desaparecieron así para siempre cientos de escritos sobre Jesús y sus actividades, que hubiesen sido hoy preciosos para conocer la verdadera naturaleza de sus milagros y las influencias que pudo tener de la cultura de su tiempo en sus artes mágicas.

De lo poco que nos ha quedado no hay duda, sin embargo, de que sobre todo las curaciones fueron lo que hicieron famoso a Jesús. Hay quien sostiene que fueron ellas las que lo condujeron a la cruz, porque la muchedumbre de pobres lo seguía convencida de que era el nuevo Mesías a causa de los prodigios que realizaba. Y que aquello dio miedo a las autoridades romanas en un momento en que había revueltas de tipo nacionalista por todas partes contra la ocupación por parte de Roma del territorio de Palestina.

Quienes no aceptan la existencia de milagros interpretan los milagros de curaciones de Jesús como obra de un gran terapeuta. Desde que se supo que ciertas enfermedades, como la ceguera, la sordera, la mudez, la parálisis, etc., podían ser producidas por la histeria y que podían curarse de repente al desaparecer dicha histeria interpretan los llamados milagros de Jesús como curaciones naturales gracias a la fe que él infundía en los enfermos, ya que en aquel tiempo, en el que no se conocía el fenómeno de la histeria, la gente atribuía las curaciones a verdaderos milagros.

Según algunos analistas se explica así el pasaje del evangelio de Marcos, donde cuenta que Jesús no conseguía hacer milagros en su pueblo de Nazaret, donde no creían en él y lo consideraban como un loco y lunático. Y precisamente porque no creían en él no conseguía curarles, ya que, según la teoría de la histeria, para que un enfermo psíquico pueda curarse necesita tener fe en el terapeuta.

Es así como muchos interpretan hoy no pocos milagros acaecidos en la gruta de las Apariciones de Lourdes o en el Santuario de la Virgen de Fátima. Es la fuerza de la fe la que hace andar a los paralíticos o devuelve la vista a los ciegos.

Los milagros de Jesús suscitaban primero sorpresa en la gente, después admiración y hasta miedo. Lo consideraban como a uno de los grandes magos, y quizás por eso, cuando fue detenido, torturado y crucificado, la gente, decepcionada, lo abandonó, pensando que si no era capaz de defenderse contra la muerte él, que había resucitado a los muertos, es porque había perdido sus poderes.

Para entender lo que podía pensar la gente de entonces viendo a Jesús hacer prodigios hay que recordar que estaban acostumbrados a que ya otros profetas en la historia de Israel habían hecho milagros y que los magos eran famosos en Samaria, donde no se profesaba la religión judaica. Lo que ocurría es que Jesús no pertenecía ni a la clase sacerdotal ni al linaje de los profetas, y sus orígenes eran muy humildes. Por eso su familia y sus paisanos se preguntaban cómo era posible que aquel hombre del que no habían sabido nada hasta que apareció en su vida pública pudiera hacer aquellos prodigios o ser un elegido de Jahvé. Por eso preferían pensar que se había apoderado de él un demonio o que era un enfermo «lunático».

Quien sostiene que Jesús conocía las artes mágicas de los magos de su tiempo piensa que pudo estudiarlas en Egipto, donde estuvo algún tiempo, según afirma el evangelio de Mateo. En algunos escritos apócrifos, en efecto, se dice que Jesús estuvo en Egipto como trabajador y que allí aprendió las artes mágicas.

Por otra parte, Palestina había estado mucho tiempo bajo influencias extranjeras, sobre todo fenicias y egipcias. La persa sobre todo había sido importante tanto para el desarrollo del monoteísmo como de la demonología. También eran familiares en Palestina las prácticas mágicas griegas. En los trescientos años que separan la conquista de Alejandro de la aparición de Jesús, Galilea había estado gobernada por los griegos y los romanos. Todas estas culturas aceptaban que el universo está poblado de criaturas sobrenaturales, como ángeles, demonios, espíritus llegados de ultratumba, etc.

Entre las prácticas de la magia clásica figuran, por ejemplo, las maldiciones como conjuro. Y dichos conjuros aparecen ya en la Biblia. Jesús también usa las maldiciones, y los evangelios apócrifos de la infancia atribuyen al niño Jesús varios prodigios relacionados con sus maldiciones.

A Jesús, en el Talmud Judío, se le acusa de haber ejercido la hechicería. Y hasta en los evangelios se le acusa de ser mago cuando se dice de él que era un «agente del mal», un término que significaba «mago» en el lenguaje del Código de Derecho Romano, como ha notado Isabel Herranz. Los primeros cristianos eran acusados por sus enemigos y perseguidores de ejercer las artes de la magia. La misma práctica de la eucaristía, en la que el pan y el vino se convertían en la carne y sangre de Jesús, estaba considerada como una especie de magia antropofágica ejercitada por los cristianos en la clandestinidad. Y es sabido que en la primera Iglesia el carisma de la curación de los enfermos y de los exorcismos suponía un elemento primordial, que después fue perdiéndose probablemente debido a las acusaciones que se hacían a los cristianos de usar la magia.

Han sido estudiados los posibles paralelismos entre los famosos papiros mágicos egipcios y algunos milagros realizados por Jesús. Al igual que los magos egipcios, Jesús usa en sus curaciones algunas fórmulas mágicas y misteriosas, como cuando resucita a la hija de Jairo usando la fórmula mágica en arameo de «talita koum». El evangelista Marcos traduce esas palabras como «muchacha, levántate». Pero durante mucho tiempo circuló esa frase como una fórmula mágica que nadie sabía lo que significaba.

El episodio de la ascensión de Jesús a los cielos formaría parte de otro ritual mágico en el cual, después de varios días de purificación y ayuno, el mago conseguía dicha ascensión misteriosa que equivalía a conseguir la inmortalidad. Apolonio de Tiana, que ascendió a los cielos como Jesús, según la leyenda, declaró que ésta era la verdadera prueba de la divinización, el objetivo final de la magia.

Al igual que los grandes magos y chamanes, Jesús se retiró cuarenta días al desierto para prepararse para su vida pública de hacedor de prodigios. Lo que el demonio le propuso a Jesús en sus tentaciones eran precisamente cosas típicas de los magos, como volar por las nubes o convertir las piedras en panes. Los evangelios dicen que Jesús no cayó en las tentaciones del demonio que le proponía hacer milagros propios de los magos, precisamente para rechazar la idea de que Jesús era un mago como los de su tiempo.

No existe ni uno solo de los milagros realizados por Jesús que no se atribuyera ya a los magos de entonces, desde calmar una tempestad a resucitar a un muerto o predecir el futuro. Y hasta las condiciones para poder conseguir el milagro se parecen mucho a los manuales de la magia antigua, como la necesidad de la fe en el mago o la de pedir la gracia a los dioses. La frase célebre de Jesús: «Pedid y se os dará», aparece idéntica en los papiros mágicos. Hay escenas, como cuando Jesús mezcla saliva con barro para ponerla en los ojos de un ciego que recupera la vista, que pertenecen claramente a los rituales de la magia. Y, por último, hay quien interpreta la anotación que ha quedado en el Nuevo Testamento de que Jesús pertenecía «a la orden de Melquisedec» como una confirmación de que había sido iniciado, ya que Melquisedec fue una figura importante de las doctrinas clave de la antigüedad. Las palabras «según la orden» demostrarían que Jesús pertenecía a un grupo iniciático y que habría sido elegido para perpetuar aquellas enseñanzas.

Jesús y los magos

¿Qué decir de todo ello? Sin duda, la Iglesia siempre marcó la diferencia entre la actitud de Jesús al hacer sus milagros y la de los magos de la antigüedad. Dicen que, mientras los magos hacían los milagros para su propio interés y para enriquecerse, Jesús los hacía de modo altruista y sólo para el bien de los demás. Y que jamás pidió dinero para realizar un prodigio. Muchos teólogos distinguen entre la actividad curadora de Jesús y la magia clásica. Para ellos las curaciones y exorcismo de Jesús estaban siempre relacionados con el perdón de los pecados, ya que en aquel tiempo en la religión judía las enfermedades o las posesiones diabólicas solían verse como consecuencia de los pecados cometidos.

Al revés, la magia está relacionada, según estos teólogos, con una maldición a la raíz del mal que la magia intenta destruir, o bien que hay magias destinadas no tanto a perdonar los pecados, sino a provocar el mal en una persona a petición del cliente. ¿Es sólo eso la magia?

Dominic Crossan recuerda las diferencias entre medicina, milagro y magia en los tiempos del Nuevo Testamento y, por tanto, de las primeras comunidades cristianas de Palestina, descritas por Howard Clark Kee: «La medicina es un método de diagnosis de los males del hombre y una prescripción de los mismos basada en la combinación de una teoría y la observación del cuerpo humano, de sus funciones y sus disfunciones. El milagro implica postular que la curación puede llevarse a cabo apelando a los dioses, mediante su intervención, ya sea directamente o a través de un agente intermediario. La magia es una técnica gracias a la cual, por medio de la palabra o del gesto, se consigue un determinado fin, que puede suponer la solución de los problemas de la persona que recurre a ella o el daño del enemigo causante del problema». En otras palabras, comenta Crossan: «Si la técnica es eficaz y consigue superar esa fuerza hostil, la acción es mágica. Si se considera, en cambio, que es fruto de la intervención de un dios o una diosa, será un milagro. Y si, por el contrario, se la ve como un medio que facilita las funciones naturales del cuerpo, se llamará medicina».

Según David Aune, uno de los mayores expertos en esta materia, los antropólogos modernos rechazan la vieja dicotomía entre magia y religión, por lo que afirma: «La magia y la religión se hallan tan estrechamente unidas que resulta prácticamente imposible considerarlas dos categorías socioculturales distintas».

La conclusión que saca Crossan es que «hay aspectos de la magia que son malignos, inhumanos patológicos y dañinos. Pero también los hay en la religión, y en ambos casos es preciso identificarlos y denunciarlos». Y añade: «Lo principal, en todo caso, es que la distinción dogmática que supone afirmar que lo que nosotros practicamos es la religión y que lo que practican los otros es magia, debe en todo momento ser tenida por lo que es, sencillamente, la confirmación política de lo que se considera sancionado y oficial, frente a lo que no está sancionado y no es oficial».

No cabe duda que no todos los magos, de todos los tiempos, eran iguales y algunos creían de verdad en la magia como una fuerza en sí. Ni se puede reducir la magia verdadera a una simple trampa o juegos de prestidigitación. La magia, en todos los tiempos, la blanca y la negra, la positiva y la negativa, fue siempre una cosa muy seria y misteriosa que probablemente aún no ha sido examinada a fondo por los prejuicios que existen sobre ella por parte del mundo racionalista.

Pero hay más. Como afirman no pocos autores, entre los milagros y la magia la diferencia es más social o política que práctica. En la antigüedad, si un individuo hacía ciertos prodigios y sus seguidores los consideraban milagros lo aclamaban como a un ser divino. E inmeditamente sus detractores dirían que era un mago poseído por el maligno.

Nada quita, por otra parte, que Jesús hubiera conocido las artes de la magia pagana de su tiempo. Ni sería extraño que fuera un hombre fuertemente sensible con una gran capacidad de seducción y de convicción dotado de poderes psíquicos excepcionales que él aprovechaba para aliviar el dolor y para convencer a los hombres de que la fe puede hacer milagros.

No sabemos si fue él o se lo atribuyeron sus sucesores, pero en los escritos evangélicos aparece claro que Jesús, para que la gente no lo tomara como a un mago más, insistía en que no era él quien hacía los milagros, sino su Padre, y que ningún milagro era posible sin la fe en Dios. Algunos especialistas bíblicos, sin embargo, tienden a distinguir entre los milagros operados por Jesús con alguna finalidad benéfica, como las curaciones o la expulsión de los demonios, y los puramente gratuitos o espectaculares, como los de caminar sobre las aguas, calmar las tempestades o ascender a los cielos. Para ellos éstos serían los únicos milagros «inventados» por los evangelistas, mientras que los verdaderos serían los realizados con su fuerza curativa y de exorcista.

Crossan concluye que Jesús, «en su condición de mago y taumaturgo, constituyó un fenómeno muy problemático no sólo para sus adversarios, sino para sus mismos seguidores». Y entre los milagros de Jesús, sin duda, el de la resurrección de los muertos supone el mayor desafío para los exegetas, ya que la Iglesia en estos dos mil años de historia nunca ha atribuido a los innumerables santos y mártires canonizados el milagro de una resurrección. Eso es lo que hace pensar que esos milagros pudieran haber sido introducidos por la Iglesia primitiva para demostrar ante los paganos el carácter «divino» de Jesús, quien, sin embargo, nunca dijo de sí mismo que fuera Dios.

15

¿Conocemos algunas palabras originales pronunciadas por Jesús?

Hemos dicho que no es fácil conocer si los hechos narrados por los evangelistas sobre la vida de Jesús son todos históricos o si han sido manipulados por los primeros cristianos con fines apologéticos. Pero ¿y las palabras pronunciadas por el profeta de Nazaret? ¿Son originales? ¿Fueron también inventadas? ¿Nos ha quedado la certeza de algunas palabras suyas auténticas? ¿Es original, por ejemplo, la importante oración del Padrenuestro? ¿Y las condenas a los ricos? ¿Y las bienaventuranzas?

Sobre las palabras pronunciadas por Jesús durante su vida, sobre sus proverbios y sentencias existió la famosa Fuente Q, que recogía fundamentalmente dichos de Jesús. Se ha podido reconstruir en parte con los evangelios de Mateo y Lucas, que se sirvieron de dicha fuente para escribir sus evangelios, aunque seguramente modificando muchas de dichas sentencias originales.

Se trató de una recopilación de frases del profeta Jesús, que gozó de gran prestigio en las primeras comunidades cristianas. Debió ser un intento de recoger, como habían hecho los filósofos con Epicuro, las palabras más famosas de Jesús, que habían llegado hasta los primeros cristianos por tradición oral. Restos de aquella fuente aparecen en los escritos de los primeros Padres de la Iglesia, en el evangelio apócrifo de Tomás y en los escritos gnósticos.

Dichas sentencias fueron escritas en arameo y después traducidas al griego. No existe, sin embargo, consenso entre los especialistas bíblicos sobre la autenticidad de dicha fuente. Es difícil saber si las palabras de Jesús, antes de codificarse por escrito en la Fuente Q, habían sido ya manipuladas, censuradas o integradas con frases que más que a Jesús pertenecían a la doctrina de las primeras comunidades cristianas.

Existe un consenso por lo que se refiere a la probabilidad —nunca a la certeza— de que algunas frases hayan podido llegar hasta nosotros bastante literalmente. Existen algunos criterios para saber si algunas de sus palabras llegadas hasta nosotros pueden ser originales. El primer criterio es que podrían serlo aquéllas que, a pesar de que podían crear problemas a las primeras comunidades, incluso un cierto escándalo, no acabaron siendo censuradas. Debían haber estado tan arraigadas en la tradición que no fue posible manipularlas.

Otro criterio igualmente barajado por los exegetas es que podrían ser auténticas, sobre todo aquellas frases de difícil comprensión y que, por tanto, no era fácil que hubiesen sido añadidas o cambiadas, ya que hasta a los cristianos les resultaba difícil entender lo que querían decir o admitir su significado literal, como, por ejemplo, las palabras más duras contra la riqueza y el poder. De hecho, algunas de ellas, como la de la maldición contra los ricos o las bendiciones a los pobres, fueron endulzadas. Al hablar de las dificultades de los ricos para entrar en el Reino de Dios se añade que los ricos pueden a la vez ser pobres «de espíritu». Y en la parábola en la que se afirma que es más fácil que un camello pase por el ojo de una aguja que el que un rico se salve, los evangelistas añadieron que «lo que es imposible al hombre puede ser posible a Dios» para endulzar la exigente sentencia del Maestro.

Un último criterio es cuando una de esas frases o sentencias de Jesús aparece en varios evangelios o también en algún apócrifo. Las que se pueden leer en un solo evangelio tienen menos probabilidades de ser auténticas.

LA VOTACIÓN CON BOLAS DE COLORES

De la dificultad para llevar a cabo una reconstrucción de las palabras pronunciadas por Jesús durante su vida pública habla muy claro la fallida experiencia realizada por Robert Funk, del Westar Institute. Se convocó un encuentro internacional de expertos para intentar reconstruir las palabras de Jesús. Los eruditos trabajaron en diferentes universidades durante cinco años para separar lo que ellos consideraban que eran palabras realmente pronunciadas por Jesús y las que, a su juicio, no lo eran.

La tarea fue desesperada, porque ni aquellas grandes luminarias de la ciencia bíblica llegaron a ponerse de acuerdo. ¿Qué hicieron? Poner a votación cada sentencia de Jesús para que cada uno, según los estudios que había realizado, decidiera si la consideraba auténtica o no. Votaron con bolas de cuatro colores. La roja significaba que «Esto lo dijo Jesús»; la rosa: «Jesús dijo algo parecido»; la gris: «Esto no lo dijo Jesús, pero contiene ideas que le pertenecen», y la negra: «Esto no lo dijo Jesús y pertenece a una tradición posterior».

La iniciativa fue muy criticada. Se preguntaron, no pocos, si era posible «someter a Jesús a una votación». Hubo quien la tachó de presuntuosa y hasta de blasfema. Pero, en realidad, todo el Nuevo Testamento es una reconstrucción, ya que los textos originales nos han llegado sólo traducidos. La misma The Greek New Testament, la versión del Nuevo Testamento de la United Bible Societies, presenta en las notas cuatro grados de fiabilidad del texto mediante las letras A, B, C y D. Es decir, que los mismos evangelios están considerados como una reconstrucción de lo que nos ha llegado hasta nosotros con diferentes niveles de credibilidad de los textos.

El trabajo realizado por el grupo de especialistas con las bolas de colores ha sido publicado en un libro titulado *The five Gospels. What did Jesus really say?* Ha sido publicado con los cuatro colores de la votación. Entre las palabras de Jesús publicadas en negro, es decir, consideradas como no pronunciadas por él y que pertenecen a una tradición posterior, figuran, por ejemplo, las importantes palabras de la institución de la eucaristía, cuando Jesús ofrece a los apóstoles el pan y el vino y les dice que son su cuerpo y su sangre. Y en la misma línea, el The Greek New Testament coloca dichas palabras de Jesús bajo la letra C, es decir, entre las que tienen poca probabilidad de haber sido realmente pronunciadas por él.

En el *The Five Gospels*, el evangelio en el que mayor número de palabras de Jesús aparecen como no pronunciadas por él es el de Juan. No figura ni una sola frase considerada como histórica. Y sólo una frase aparece como «algo parecido» a lo que pudo haber dicho Jesús, y es aquella en la que afirma: «Ningún profeta es respetado en su propia ciudad». Entre las frases consideradas como originales figura la del evangelio de Marcos: «Dad al César lo que es del César y a Dios lo que es de Dios».

En el evangelio de Lucas todos los especialistas coincidieron en que son originales las bienaventuranzas a los pobres, a los hambrientos y a los que lloran, así como la del «amor a los enemigos» y la parábola del Buen Samaritano. Esta parábola, en efecto, es tan dura que la tradición la conservó sin retoques. Porque en ella Jesús alaba la conducta del samaritano que se compadece del herido a quien unos bandidos habían dejado tirado en el camino, mientras había pasado al lado, sin detenerse, un levita, es decir, una persona de la institución religiosa judía. Precisamente existía una gran rivalidad entre los judíos y los samaritanos, que eran considerados por ellos como enemigos del judaísmo y ateos. Jesús les dice a sus apóstoles que sigan el ejemplo del ateo samaritano y no el del creyente religioso judío, que no tuvo compasión del hermano herido.

Según este trabajo de los especialistas de varias universidades del mundo, apenas si tenemos certeza de una docena de frases que pudieron haber sido pronunciadas por Jesús tal como nos han sido transmitidas.

¿Son originales las palabras del Padrenuestro y de las bienaventuranzas?

Pero entonces, ¿qué decir de palabras tan importantes como la oración del Padrenuestro, que es la plegaria fundamental de los cristianos? ¿Fue o no fue enseñada esa oración a los apóstoles, que después la transmitieron a los primeros cristianos, llegando hasta nosotros tal como la recitan hoy miles de millones de cristianos en todo el mundo?

Lo más seguro es que Jesús nunca enseñó tal oración a sus discípulos. Por lo menos no en forma de oración, aunque en ella haya alguna frase que sí fue pronunciada por el Maestro. Con mucha probabilidad se trata de una oración que se fue construyendo poco a poco en las primeras comunidades hasta fijarse en la forma en que nos ha llegado hasta nosotros.

De hecho, como anota agudamente Crossan, existen en los textos sagrados tres versiones diferentes del Padrenuestro. Una es la que aparece en el evangelio de Lucas con una invocación al Padre, seguida de cinco peticiones. Podría ser la versión recogida de la Fuente Q: «Padre, santificado sea tu nombre; venga tu reino; danos cada día el pan cotidiano, y perdónanos nuestros pecados, porque también nosotros perdonamos a todo el que nos debe, y no nos pongas en tentación». La otra versión es la del evangelio de Mateo, pero la oración empieza diciendo Padre nuestro, «que estás en los cielos», y en ella se hacen no cinco, sino siete peticiones. Las dos peticiones nuevas son: «Hágase tu voluntad como en el cielo así en la tierra» y «mas líbranos del mal». Puede ser que Mateo haya introducido la fórmula que se usaba en su comunidad cuando escribió el evangelio. La tercera versión es la de la Didaché, donde también aparecen siete peticiones en vez de cinco. La oración empieza en singular: «Padrenuestro que estás en el cielo». Podría ser una variante de la versión conocida por Mateo.

La verdad es que las peticiones que se hacen en el Padrenuestro cristiano existen todas en las plegarias judías. Pero existe una peculiaridad que, según los exegetas, sólo puede ser de Jesús, como es el llamar a Dios «Padre» (Abba en arameo), un término totalmente desconocido en la tradición palestina precristiana.

Otro problema es si en dicha oración, que pudo ser reconstruida con frases de Jesús pronunciadas en diferentes lugares y tiempos, cuando se habla del «pan nuestro de cada día» se refiere a algo espiritual y simbólico o simplemente al pan real, sacado del horno, que era el alimento básico de los campesinos del tiempo de Jesús. Lo mismo cuando Jesús pide a Dios que nos perdone los pecados como nosotros «perdonamos a todo el que nos debe». También aquí, según no pocos especialistas, Jesús se refería a las deudas monetarias, que, según la tradición judía, debían ser perdonadas por lo menos cada año santo o de jubileo.

Como dice John Kloppenborg: «El pan y las deudas eran sencillamente los problemas más inmediatos a los que tenía que hacer frente el campesino galileo, el jornalero y el habitante de las ciudades que no formaba parte de ninguna elite». El beneficio más evidente e inmediato que proporcionaba el nuevo reino de Dios anunciado por Jesús era el alivio de estas dos cargas, como subraya Crossan.

¿Y las bienaventuranzas? Tan importantes o más que las palabras del Padrenuestro en la tradición cristiana son las llamadas «bienaventuranzas», sobre cuya interpretación se han escrito tantos libros. Se trata de sentencias del profeta de Nazaret que contradicen toda la lógica del mundo, toda la evidencia de cualquier sociedad de cualquier lugar y tiempo. ¿Quién se podría atrever a decir que los pobres son los felices? ¿O que lo son los que lloran, o los humillados y perseguidos?, ¿o que los hambrientos serían saciados?

Pero es precisamente por la dificultad que entrañan esas afirmaciones por lo que la mayoría de los especialistas consideran que dichas bienaventuranzas fueron pronunciadas realmente por Jesús. Y eran tan difíciles de aceptar que fueron poco a poco siendo endulzadas a través de los años. Probablemente no se trató de un discurso pronunciado en un mismo día, sino de una serie de afirmaciones del Maestro que después fueron juntadas, formando un solo sermón, el llamado «Sermón de la montaña» o de «Las bienaventuranzas». Además, las bienaventuranzas no pueden leerse aisladas de otras afirmaciones de Jesús sobre los ricos, por ejemplo, o sobre los niños o separadas de ciertas parábolas.

Dichas afirmaciones de Jesús no serían entendidas, por otra parte, sino en el contexto de la predicación del llamado «Reino de Dios», la expresión más usada por Jesús en toda su vida. Era su mensaje fundamental con el que anunciaba un estado de vida diferente del que suele bendecir y vivir la sociedad acomodada. Como muy bien ha explicado Crossan, cuando Jesús usa la expresión de Reino, «el tema en discusión no son los reyes, sino los dirigentes; no es el reino, sino el poder; no es un lugar, sino el estado». Es una manera totalmente diferente de ver la vida, los valores, las relaciones humanas.

Claro que no pocos, empezando por los discípulos, entendían el discurso del reino de una manera más literal, como si la misión de Jesús fuera la de establecer un nuevo régimen social y político para liberar al pueblo de Israel del yugo de los romanos. De ahí el que las afirmaciones más radicales de Jesús referentes a cómo habría que vivir para poder participar de ese nuevo «estado», de esa nueva forma de considerar el mundo y de usar el poder y la riqueza fueran más tarde objeto de glosas, de añadiduras y de endulzamiento de las mismas. O de interpretaciones burguesas.

LAS PALABRAS MÁS AUTÉNTICAS DE JESÚS SON LAS MÁS RADICALES

Hoy los especialistas bíblicos son cada día más firmes en defender la tesis de que la postura de Jesús frente a la sociedad de su tiempo —o, si se prefiere, frente al modelo universal de sociedad basada en el dominio de los poderosos sobre los débiles, de los ricos sobre los pobres y de los valores temporales sobre los espirituales— fue radical, sin glosas, sin distinciones. Jesús no fue un profeta de medias tintas, de componendas para agradar a todos. No fue un socialdemócrata. Fue un hombre de extremos: «Sed o fríos o calientes, porque si sois tibios os arrojaré de mi boca». «He venido a separar al padre del hijo.» «Dad al César lo que es del César y a Dios lo que es de Dios.» «Amad a vuestros enemigos, a los que os hacen el mal.»

En este contexto hay que entender las bienaventuranzas y su doctrina sobre el nuevo reino que anunciaba y que muy probablemente constituyen el núcleo más seguro e histórico de su predicación.

Cuando Jesús compara el reino de Dios a los niños, cuando le dice al intelectual Nicodemo que si quiere convertirse al nuevo reino tiene que entrar de nuevo en el vientre de su madre y volver a nacer, no está haciendo poesía, no hace una exaltación de la infancia. Es al revés. Lo que intenta es decir que Dios está más cerca de lo que para el mundo no tiene valor. Jesús hablaba para los campesinos pobres de Galilea. ¿Qué era un niño para aquellos trabajadores? Ciertamente no era una metáfora poética sobre la inocencia. Y aunque los judíos no ejercían el infanticidio como otros pueblos de su alrededor, un niño era el símbolo de lo que no tiene valor, de lo que carece de derechos propios. No había insulto peor para un adulto en aquel tiempo que el ser comparado con un niño.

¿O qué significaba comparar el reino a un grano de mostaza, la más pequeña de las semillas? ¿Por qué no lo comparó al majestuoso cedro del Líbano? ¿O a un poco de levadura que hace crecer la masa en las cocinas sencillas de las amas de casa? Nunca comparó Jesús el reino de Dios a realidades grandiosas, fuertes, fastuosas, sino a lo más humilde, pequeño e insignificante que existe. Por ello, cuando hablaba de la felicidad que les espera a los pobres no se trataba de la pobreza que más tarde entendieron los primeros cristianos, que pertenecían más bien a una clase media, es decir, la pobreza opuesta a la riqueza. No se trataba de la «pobreza espiritual», una frase ciertamente añadida a las palabras de Jesús y que él nunca pronunció. Para él los pobres, como para la sociedad de aquel tiempo, eran los mendigos, los sin casa y sin trabajo, los leprosos que vivían en los márgenes de las carreteras, los hambrientos de verdad, es decir, los que morían de hambre.

¿Y por lo que se refiere a la bienaventuranza de los «perseguidos»? También en este caso todo hace pensar que la interpretación que más tarde le dieron los evangelistas era fruto de una interpretación de las primeras comunidades que entendían dicha bienaventuranza como dirigida a aquellos cristianos que sufrían persecución por creer en la nueva religión de Jesús. No. Cuando el profeta de Nazaret dice que serán bienaventurados los perseguidos se refería, según las traducciones modernas del griego, la lengua en la que nos llegaron los evangelios, a los «perseguidos», los «ultrajados», los «humillados», los «rechazados» por la sociedad, que eran todos los parias, los don nadie, los que estorbaban en todas partes. Ésos a los que se refiere una cierta sociedad moderna cuando, hablando de los pobres, suele decir aún hoy que la pobreza «huele mal». Pues eso, Jesús prometía —¿estaba loco?— la felicidad a los que olían mal para la sociedad del bienestar de su tiempo. Del suyo y de todos los tiempos, porque la miseria nunca será perfumada en ningún rincón del mundo.

16

¿Revolucionario político
o pacifista revolucionario?

Aunque de Jesús sabemos muy poco, podemos hacernos, sin embargo, una pregunta: ¿fue un revolucionario político o un pacifista revolucionario? Se trata de otro de los puntos que ha sido causa de división en la Iglesia y fuera de ella, puesto que el profeta de Nazaret ha sido una especie de comodín para todos los usos. Se han servido de él para sus fines desde los dictadores, presentándolo como el defensor del orden constituido, hasta los revolucionarios de todos los tiempos: mahoístas, marxistas, castristas, zapatistas y hasta los campesinos Sin tierra de Brasil. Pero también los pacifistas, los verdes, los ecologistas y hasta los budistas.

Los poderes conservadores y dictatoriales han sido, sin duda, quienes más han usado y abusado de la figura de Jesús, para defender el orden, la propiedad, la familia y la Patria. Todos los dictadores se han puesto siempre de parte de Jesús. Les ha encantado y sigue encantándoles el aparecer ante sus súbditos como devotos hijos de la Iglesia. Todos. Baste pensar en el Caudillo Franco, en España, o en los dictadores varios de América Latina y de África.

Los dictadores bajo palio, con concordatos de oro firmados por el Vaticano o recibiendo en público la comunión de manos de cardenales y Papas están documentados en todos los archivos fotográficos de la historia. Recuerdo dos anécdotas muy concretas de dos de esos dictadores catolicísimos. La primera fue durante la coronación en Roma del Papa Juan Pablo I, el pontífice que duró sólo treinta y dos días. A la ceremonia asistía el general argentino Videla. Durante el rito, en la plaza de San Pedro, los radicales hicieron volar sobre la multitud congregada en torno al nuevo Papa unos globos de colores con un cartel colgado que decía: «Videla, asesino». Uno de aquellos globos acabó posándose sobre el altar en el que el Papa oficiaba la misa solemne. Un monseñor lo retiró con visible gesto de disgusto.

Al día siguiente salió en el semanal *Expresso* una viñeta sangrante de un humorista. Se veía a Videla vestido de general acercarse al Papa para darle el abrazo de enhorabuena. Se abrazan, y, al retirarse, el Papa advierte que los puntos en los que el general había rozado con sus manos su sotana blanca estaban manchados de sangre.

Otra anécdota fue la del viaje del Papa Wojtyla a Santiago de Chile en los tiempos en que Pinochet reinaba aún a pesar de que la mayoría de los chilenos luchaba por la democracia. Juan Pablo II fue a visitar a Pinochet al Palacio de la Moneda, donde había sido sacrificado Allende. Y Pinochet le organizó una emboscada. Cuando el Papa salió al balcón central del palacio para bendecir a la gente allí presente, Pinochet se colocó detrás de él, y junto con el pontífice también él dio la bendición a la muchedumbre. Los dictadores, todos, adoran la religión y se han sentido siempre apoyados y protegidos por el consuelo de la fe católica.

JESÚS NUNCA FUE HOMBRE DE ORDEN

Ahora bien, si hay algo seguro es que Jesús no fue un hombre de orden, del sistema, conservador del *status quo*. Sobre eso no existen dudas, ni la Iglesia debía haberlas tenido nunca. El profeta de Nazaret fue siempre un inconformista, un hombre de ruptura del sistema organizado. Aun siendo un buen judío clamó siempre contra el inmovilismo de su religión, contra la esclavitud del sábado, contra las leyes que oprimían al hombre, sobre todo a los más pobres, sobre la esclavitud económica de los sacrificios del Templo.

Jesús, que no fue sacerdote, ni miembro de la clase dominante de su tiempo, ni amigo de los poderosos, llegando a calificar de «zorra» a Herodes, soportaba mal el peso de un orden político y social, que estaba sobre todo al servicio de los pudientes, dejando en la cuneta a los sin recursos. Demonizó la sociedad, que consideraba impuros a todos los enfermos y lisiados, que acababan al margen de toda ayuda y privilegio al defender que sus llagas eran el castigo por sus pecados.

El gran error de la Iglesia fue el haber pasado de perseguida, en los albores del cristianismo, a mimada, cuando fue alzada a religión de estado por los emperadores romanos. ¿Y acaso no fue un dictador, Mussolini, quien en los tiempos modernos hizo del Vaticano un Estado independiente y, en la práctica, al Papa un rey y jefe de Estado con poderes absolutos?

La Iglesia siguió siendo perseguida y hostigada a lo largo de los siglos, pero curiosamente no por los poderes que acabaron crucificando a Jesús, sino por las masas de pobres de los regímenes ateos, que consideraban que la Iglesia había traicionado su vocación original de defensora de los parias y de los desvalidos. Fue precisamente el Concilio Vaticano II quien pidió perdón al mundo por esa traición de la Iglesia, preguntándose si hubiese existido el comunismo si la Iglesia no se hubiese desviado de su misión fundamental de ser la abanderada de los pobres y perseguidos y no de los poderosos y acomodados.

Pero si Jesús no fue un hombre de orden, sino un agitador de las conciencias, ¿quiere eso decir que fue un revolucionario político y social? ¿Que era uno de tantos mesías revolucionarios que intentaba levantar a los palestinos contra el yugo de los romanos? ¿Que pertenecía a la secta de los zelotes, el grupo más revolucionario y extremista de su tiempo? ¿Fue su misión más política que religiosa?

Es lo que han defendido no pocos a lo largo de los siglos. Probablemente no ha habido un movimiento revolucionario de izquierdas en el mundo que no haya demostrado por lo menos simpatía por la figura de Jesús de Nazaret. Y muchos hasta lo hicieron estandarte de sus ideas extremistas. Dentro mismo de la Iglesia se llegó a hablar de «teología de la revolución», algo muy diferente y mucho más politizado que la llamada «teología de la liberación».

Sin duda, todo hace pensar que entre el grupo de los doce apóstoles que seguían a Jesús se hallaba alguno que había por lo menos formado parte del grupo extremista de los zelotes. Y es verdad que, como buen judío, Jesús no debía estar nada feliz viendo su país ocupado por los romanos. Puede que hasta llegase a simpatizar con los movimientos violentos de su tiempo que pretendían liberar Palestina. Y muchos de los rasgos del nuevo reino que él anunciaba podían hacer pensar que también él soñaba con un tiempo en el que Israel, libre de todos sus opresores, pudiera reinar feliz y tranquilo. También en alguna ocasión se le escapó que había venido a traer la espada y no la paz y a crear disensión dentro de los miembros de una misma familia. Y es verdad que debió a veces rozar los límites de la contestación política si acabó siendo condenado a muerte como subversivo peligroso.

No fue un simple agitador político o social

Pero no. Jesús no fue un simple agitador político o social, aunque en alguna ocasión algunos de sus discípulos llegaron a pensarlo. Por ello mismo tuvo que salir al paso de las tentaciones de los apóstoles más fogosos que estaban dispuestos a usar métodos contundentes con quienes se les oponían. Como la vez que fueron rechazados en un poblado y los apóstoles le preguntaron si quería que mandaran fuego sobre ellos para hacerlos perecer a todos. Jesús les recrimina diciéndoles que no le habían entendido, ya que no era aquella la revolución que él había venido a traer.

Y cuando Jesús les recuerda que va a ser detenido y condenado a muerte, los apóstoles le responden que tienen allí unas espadas, lo cual indica que algunos de ellos sí iban armados. Pero de nuevo Jesús les pide que envainen las espadas, ya que él debe seguir los designios trazados por su Padre.

Jesús tampoco fue un pacifista en el sentido más moderno de hoy. Y aunque recriminó la máxima judía del «ojo por ojo y diente por diente», proponiendo, en cambio, el amor a los enemigos, en realidad, dicha doctrina ya existía entre algunas sectas judías más liberales. Contra lo que está Jesús es contra la venganza, no contra la violencia. Estaba sólo contra la violencia de las armas. Por eso no fue un terrorista como los zelotes o como hubiese deseado alguno de sus discípulos. En otros sentidos, Jesús sí fue un violento. Lo fue contra la violencia que oprime a los más débiles.

Jesús no fue un profeta que se mordía la lengua. Usó siempre más bien un lenguaje duro y provocador. Se irritaba y atemorizaba. A los poderosos llegó a insultarles sin escrúpulos. Además de llamar a Herodes «zorra», tachó de «lobos con piel de oveja», de «raza de víboras» y de «hipócritas» a las autoridades del Templo, es decir, al poder religioso que había gozado, hasta la ocupación de los romanos, del derecho de vida y de muerte sobre las personas. Por eso hay quien defiende que lo mataron no tanto por lo que hizo, sino por lo que dijo.

Sin duda, predicó un cambio radical, pero no violento. Y un cambio que iba más allá de la simple revolución política o social. A él no le hubiese bastado que los romanos abandonasen Palestina. Le hubiese gustado, sin duda, pero no era suficiente para él. De haber sido así no hubiese pasado de ser un profeta y mesías más de los que abundaban en su tiempo sin dejar huella en la historia. La suya fue una revolución más honda y global que probablemente ni la misma Iglesia ha entendido del todo.

Su revolución no se fundamentaba en las armas, en la fuerza bruta y ni siquiera en un cambio social más democrático y abierto, menos injusto. Jesús presentó una revolución desde los mismos fundamentos del ser humano. La religión —la de su tiempo y la de todos los tiempos— era, con su imagen de un dios vengador y justiciero, la que esclavizaba a los hombres y amarraba las conciencias, la que los atemorizaba y la que justificaba las clases sociales. Pues bien, Jesús vino a presentar la gran revolución de un Dios que hace salir el sol para justos y pecadores, que no hace distinción entre varón y mujer, entre fiel e infiel, entre puro e impuro, porque, como ya había anunciado el profeta Isaías, aunque una madre, en el colmo de la locura, o de la desesperación o de la maldad pueda llegar a abandonar a un hijo, Dios nunca lo hará. Es la seguridad suprema de ese amor, que es mayor que el mundo.

Se explica así que su revolución, que empezaba desde dentro, tomando conciencia de la dignidad suprema de ser persona, la entendieran mejor que nadie los esclavos, los pobres, los enfermos, los humillados. Mejor, sin duda, que los poderosos, que se sirvieron siempre de la religión para imponer a la gente pesos y yugos, que, como decía Jesús, ellos no cumplían, porque se sentían por encima de la ley.

Rompe con todos los esquemas del poder tradicional

Jesús rompe revolucionariamente con esos esquemas. Y con todos los esquemas del poder opresor de la sociedad, llegando a defender que «el mayor tiene que servir al menor», y que su revolución era tal que todo lo que la sociedad de los aposentados despreciaba, desde las prostitutas a los endemoniados, pasando por los leprosos, que eran como los contagiados por el sida de hoy, los mendigos, los sin casa y sin trabajo, era justamente lo que para él tenía más valor como símbolo y metáfora de la preferencia de un Dios que era sobre todo Padre y Madre, y que como tal se siente inclinado hacia lo que las entrañas del mundo dan a luz de más indefenso y débil.

La revolución de Jesús era global y completa porque no abarcaba sólo las estructuras sociales y políticas para las que predicaba la fraternidad universal, sino también el misterioso y oscuro reino interior de las profundidades de la psique y de la personalidad humana. Y esa revolución sí que abarcaba tanto a los ricos como a los pobres, a los sanos como a los enfermos. Ahí sí que se trataba de dar un revolcón a la mentalidad humana y a las relaciones entre las personas para crear un mundo más digno de ser vivido.

Por eso su revolución exigía la liberación de todos los miedos, empezando por el miedo a Dios; de todas las esclavitudes exteriores, pero también interiores, como la de las falsas seguridades, la de la voluntad de revancha contra el prójimo, de todas las envidias paralizantes, de la violencia contra uno mismo, de las prisas inútiles que impiden la contemplación del misterio y de las maravillas de la creación. Liberación de todo lo que impide al hombre ser hombre, a la mujer ser mujer y al niño ser niño.

Jesús condenó muchas veces la prisa revolucionaria de los apóstoles, que querían arrancar la cizaña con el peligro de arrancar con ella la hierba sana. Jesús se anticipó así a Marx, que decía que la primera virtud del verdadero revolucionario no era la prisa, sino la paciencia.

Y es que todos los grandes revolucionarios de la historia fueron siempre buenos conocedores del hombre. Por eso sabían que nada de bueno y grande se construye con la impaciencia. Eso en el campo terreno. Pero menos aún se construye nada con la prisa en el mundo de lo interior, donde toda evolución y revolución tiene que ser paso a paso, como en la formación de la inteligencia de un niño. Jesús sabía que una revolución global necesita de tiempo para afirmarse; que si no echa raíces acabará abortando. Es la triste historia de tantas revoluciones políticas y sociales fallidas. Ya él decía que nadie construye una fortaleza sobre un terreno de arena. Ya sé que la palabra amor está prostituida, que no significa nada en nuestra cultura, pero ya Tolstoi decía: «No hagáis nada que sea contrario al amor». Parece simple, pero ahí está la raíz de toda revolución duradera. La mayoría de las revoluciones, en efecto, empezando por la que la Iglesia Católica realizó influenciada por Jesús y que después abandonó, han fracasado porque, en vez de poner el foco revolucionario sobre la recuperación de la dignidad humana pisoteada, acabaron al final pisoteándola ellas al convertirlas en fascismos, nazismos, estalinismos, proletarismos vacíos y hasta en santas inquisiciones.

En este sentido, el escritor italiano de izquierdas Danilo Dolci pudo escribir: «Revolución no quiere decir quemar el ayuntamiento, dando pretextos al enemigo para una mayor opresión. Revolución es curar lo incurable; hacer a cada hombre responsable de su vida; es saber comunicarse con el prójimo con paciente sabiduría».

Y es que la revolución es mayor que la justicia, incluso la social. Porque ésta puede desembocar estructuralmente en un orden constituido, favoreciendo a la postre a los que más tienen. Puede acabar en reformismo. Sólo el respeto profundo de la dignidad humana puede cambiar el mundo desde sus raíces, impidiendo que tantas peticiones de justicia acaben en flagrantes injusticias.

Bajo esta luz hay que entender un pasaje de los más oscuros del evangelio y, por ello, de los más auténticos. Es cuando Jesús dice: «El reino de los cielos sufre violencia y sólo los violentos lo conquistan». Los espiritualistas han dicho siempre que Jesús se refería a la violencia «interior», es decir, que sólo entrarán en el nuevo reino quienes declaren la guerra a sus pasiones interiores. Sin negar que el hombre tenga que luchar contra la parte más destructiva de sí mismo, contra sus sentimientos de muerte, es evidente que Jesús debió querer decir algo más. Sobre todo porque añade otra frase misteriosa: «El que tenga oídos que oiga». En el sermón de la montaña se afirma que no todas las violencias son constructivas, pero se llama dichosos a quienes «padecen persecución por la justicia». Pero ¿quiénes son los que se exponen a ser perseguidos por motivo de la justicia? Sin duda quienes desenmascaran a los poderosos que crean las situaciones de injusticia que oprimen a los más débiles.

El texto anterior de Jesús aparece en el evangelio en un contexto muy sintomático. El profeta estaba hablando de Juan el Bautista, y dice de él que «no es una caña agitada por el viento», que no es alguien que vive y viste muellemente como los que habitan en los palacios de los reyes, y que era «más que un profeta». Ahora bien, Juan Bautista, a quien Jesús alaba, era un profeta que usaba toda su violencia verbal contra el poder, que gritaba su rebelión contra la hipocresía del rey, a quien le dice en la cara: «No te es lícito acostarte con la mujer de tu hermano». Se lo dijo a Herodes, que se había adueñado de Herodías, la mujer de su hermano Filipo. Y por decírselo mandó decapitarlo.

En una ocasión Jesús asegura que no había venido a este mundo «a traer la paz, sino la guerra». Visto que Jesús no acabó organizando una resistencia violenta al sistema, ni fue un terrorista o un puro luchador político, cabe preguntarse qué entendía él por paz y qué por guerra. Y guerra contra quién o contra qué.

Porque Jesús no fue ni un simple revolucionario ni un mero pacifista hay quien ha preferido hablar de su «violencia pacífica» o de su «paz violenta». ¿No son la misma cosa? No. Si Jesús fue un «revolucionario pacífico» quiere decir que la fuerza de su mensaje está en la fuerza de la revolución, la cual, sin embargo, no es la de las armas. La paz sería aquí un adjetivo. Pero si decimos que la suya fue una «paz revolucionaria», el acento se coloca en la fuerza intrínseca y profunda del concepto de paz, que al mismo tiempo para ser eficaz tiene que ser revolucionaria, es decir, no una paz acaramelada, sólo de poner la otra mejilla, sino una paz que crea la justicia, que redime a la persona, que hace que el mundo no sea sólo el reino de los violentos sin adjetivo, sino también de los violentos por la paz y la felicidad.

Por eso, en otra ocasión, dijo que su paz no era lo mismo que la paz del mundo. Y es que generalmente la sociedad, y más la capitalista o neoliberal, confunde la paz con el orden. A este respecto tengo una anécdota personal. Cuando en España se cumplían lo que los seguidores de Franco llamaron y conmemoraron como «25 años de paz», empapelando ciudades y pueblos con carteles en los que lucía aquel eslogan, me llamaron a Madrid, desde Roma, para hacer entrega a El Viti del premio al mejor torero del año. Nada más poner pie en el aeropuerto me di de bruces con aquellos carteles llamativos de «25 años de paz».

Durante la cena del premio, en un hotel de la capital, a la que asistieron casi mil personas, entre ellas varios ministros del Régimen, me pidieron que dijera unas palabras. Era difícil porque eran tiempos de censura, a pesar de los 25 años de paz. Aproveché para decir que me dolía cuando en el extranjero pensaba que los españoles no sabían lo que era la democracia. En aquel tiempo no se votaba ni había partidos políticos. Yo recordé que, curiosamente, la fiesta de la corrida, tan en la entraña de la cultura española, es un ejercicio de la «democracia directa», ya que los galardones los otorga el presidente de la plaza, pero sólo después de haber visto lo que piden los aficionados con sus pañuelos blancos. Los políticos no entendieron mi ironía.

Añadí que al llegar a Madrid había visto los carteles que festejaban los «25 años de paz» franquista. Comenté que me parecía muy bien si habían sido 25 años de «paz» y no sólo de «orden», ya que son dos cosas muy diferentes, porque mientras «el orden lo impone el poder, a veces hasta con la fuerza», al revés, «la paz se conquista con la autoridad de las conciencias», y por eso no es necesario imponerla. Y aquí sí que la policía presente entendió o sospechó mi ironía porque al salir de la cena me llevaron para interrogarme. Querían saber qué es lo que «había querido decir», a lo que les respondí que «ni más ni menos que lo que habían escuchado».

Ésa era la diferencia entre la «paz violenta» propuesta por Jesús y el «orden» por muy revolucionario que sea. Porque el orden se impone con la fuerza bruta, con las censuras, con las torturas, con las persecuciones, con el miedo. La paz, al revés, no necesita imponerse. Es la diferencia entre el dictador o el militar, que imponen un orden con el poder del que disponen, y el hombre sabio o el maestro espiritual o el profeta que sólo con su autoridad interior convence a las conciencias.

No es lo mismo la ausencia de guerras que un estado de paz. En España en aquellos años no había guerra, aunque sí torturas y fusilamientos; pero tampoco había paz, porque la gente tenía miedo de expresar sus opiniones, porque los periódicos estaban censurados, porque el país seguía dividido entre vencedores y vencidos y muchos estaban obligados a vivir en el exilio.

Sin duda, la paz de Jesús era diferente; era creativa, revolucionaria, pero nacía de la convicción, no del poder o de la imposición. Él nunca hubiera hecho suya la frase de Goethe: «Prefiero la injusticia al desorden». No. Jesús prefería el desorden que crea el inconformismo, la defensa de los derechos humanos a la injusticia. No era hombre de «vivir en paz», acomodado, porque sabía muy bien —y lo demostró con su vida— que nadie puede vivir descansando en el orden que no te incomoda mientras exista un solo hombre humillado y esclavo.

Para Jesús guerra no era sólo la lucha con las armas en las manos. Guerra era para él toda estructura social o económica injusta; era guerra el totalitarismo, que impide la paz en la libertad; era guerra la diplomacia, que impide decir en cada momento «sí, sí y no, no», como él pedía; guerra era toda cruzada en nombre de la religión. Por eso la Iglesia está en guerra cada vez que discrimina, condena, humilla o constriñe a los hombres a actuar contra su propia conciencia por miedo a Dios.

Por eso en España, aunque no había guerra cuando se conmemoraban los 25 años de paz, tampoco había paz; había sólo un orden impuesto por la fuerza y por el miedo. No era la paz del profeta de Galilea, por más que a Franco lo sacaran en andas bajo palio o le colocaran en su coche la reliquia del brazo de Santa Teresa de Jesús, curiosamente la monja más revolucionaria e inconformista de la historia de la Iglesia.

SU ATAQUE A LA SACRALIDAD DEL TEMPLO

Jesús fue acusado de haber atentado contra la sacralidad del Templo. Y aunque lo mataron porque «soliviantaba al pueblo y prohibía pagar tributo al César», cosa que no era verdad, la primera acusación era la más seria. En efecto, Jesús presentaba un cambio radical de la sociedad judía, que era teocrática; había dado a entender que, según el nuevo reino por él predicado, el Templo, trinchera del poder judío, podía desmoronarse, ya que cada ser humano se convertía en verdadero templo de culto.

De no haber sido así, la revolución propuesta por Jesús se hubiese quedado en una revolución más de la historia, porque la experiencia demuestra que cuando una revolución se hace en una sola dirección, sin alcanzar también las estructuras más profundas del ser humano, suele acabar en integrismo; si se hace en sentido sólo cultural puede acabar en ideología, o en fascismo si es sólo política, y si es sólo moral acabará en evasión espiritualista.

La de Jesús era una revolución total. Por eso decía que no se puede echar el vino nuevo en odres viejos ni poner un remiendo en un vestido nuevo. El cambio que proponía era total. Era como volver a empezar tras haberse dejado atrás todas las cadenas del pasado.

Jesús no era un suicida, ni un loco, ni un desesperado, ni un exhibicionista. Nunca se hubiese dejado quemar en la plaza pública. Más aún, nunca quiso morir. Cuentan los evangelios que cuando se dio cuenta de que querían prenderlo consiguió huir milagrosamente. Lo agarraron al final gracias a que Judas lo traicionó.

La revolución que presentaba el profeta de Nazaret se parecía más a la que siglos después, siguiendo sus huellas, llevó a cabo Francisco de Asís que a la de los revolucionarios meramente políticos. Era una revolución que desconcertaba a los acomodados, como desconcertó la actitud de Francisco a su padre, el mercader rico de Asís. La de San

Francisco fue una revolución que en apariencia parecía bucólica, poética, pero que en el fondo era tan radical que asustó a la misma Iglesia de Roma. Cuando Francisco, al fundar la orden franciscana con un puñado de seguidores que vivían de lo que les daban de comer y hablaban con los pájaros del campo, no quiso más regla que el evangelio cumplido a la letra, el Vaticano le dijo que ni hablar. Que tenía que tener unas reglas aprobadas por Roma como las otras órdenes religiosas.

Porque Francisco predicaba la pobreza total de sus hijos; la total libertad de espíritu sin más regla que la propia conciencia. Había roto con todos los tabúes, vivía en otra dimensión y poseía tal fuerza, autoridad y simpatía entre la gente que llegaron a paragonarlo con Jesús reencarnado. Y aquello preocupó a Roma. Como el hecho de no querer ser ordenado sacerdote. Él respondía que tampoco Jesús lo había sido.

Los nuevos teólogos afirman que la verdadera teología de Jesús era la de la reconciliación de los hombres con Dios y de los hombres con la naturaleza y con las cosas, como la que intentó Francisco de Asís con su oración sobre la paz y su Canto a las criaturas.

La gran revolución llevada a cabo por Jesús fue la de acabar con las formas de religión que atenazan al hombre con sus exigencias inhumanas para abrirlo a una libertad y a una esperanza nuevas e inéditas.

Con Jesús, el paciente revolucionario de la historia, los hombres recuperaron su libertad perdida, perdieron el miedo a Dios y entraron en una dimensión nueva de relaciones humanas, donde no existe diferencia entre varón y mujer, judío y gentil, puro e impuro, al ser todos hijos de un mismo Padre, que hace surgir cada día el sol para justos y pecadores.

17

¿Los rasgos psicológicos
de la personalidad de Jesús?

Aunque del conjunto de datos que tenemos sobre la figura del profeta de Nazaret no se puede trazar su biografía como tal, sí que es posible delinear algunos rasgos característicos de su personalidad, aunque se tratará siempre de una clave meramente interpretativa, de una visión siempre personal y, por tanto, discutible.

Buceando, en efecto, en los escritos que nos han dejado los evangelios oficiales y apócrifos, en la visión que las primeras comunidades cristianas tenían de aquel Jesús al que no acababan de entender del todo por sus aspectos contradictorios, hasta el punto que llegaron a corregir a veces su personalidad, se pueden como adivinar algunos aspectos que debían referirse a su personalidad más genuina. Por dos motivos: porque son recurrentes y porque no eran fáciles de encuadrar, ni siquiera en los esquemas de los profetas y mesías tradicionales de su tiempo.

En una religión, como la judía, la que profesaba Jesús, en la que estaba tan arraigado el sentido del sacrificio, de la culpa, de la expiación de los pecados, de los castigos de Dios a su pueblo, de las persecuciones y humillaciones, Jesús se propone como una especie de «psicólogo de la felicidad».

En una sociedad pobre, como la suya, en la que los miserables vivían sin esperanza, arrinconados y considerados como olvidados o castigados por Dios y, por ello, cubiertos de enfermedades y poseídos por los demonios; en un pueblo entonces humillado, como el judío, cuya tierra había sido ocupada por las tropas del Imperio Romano, que creía ya que Jahvé se había olvidado de él, Jesús llega y se propone como «el profeta de lo imposible».

En un momento histórico en el que el hombre y menos aún la mujer o el niño, es decir, la persona humana, no contaba nada y cualquiera podía tener sobre ella el derecho de vida y muerte, ya que lo que contaba era la fuerza y la omnipotencia de Dios, que hacía de sus súbditos lo que quería sin pedirles explicaciones; en una situación en la que dominaba la teocracia y los dioses decidían sobre la historia, Jesús se presenta en público no como Hijo de Dios, título que le darían más tarde sus seguidores, sino con el provocador de «hijo del hombre», es decir, como «el hombre» sin más, dando a entender que ser hombre, sin adjetivos, es ya la mayor de las dignidades.

En un mundo como el de entonces en el que existía la esclavitud, en el que la gente vivía atenazada por el miedo, oprimida bajo el peso de la Ley con mayúscula, siempre a merced del primer poder dispuesto a ponerla de rodillas, Jesús se presenta como el «libertador», el que no soporta las cadenas, el que «cura a todos», el que libera de los demonios y perdona los pecados, acabando con el sentido de culpa y dando un hachazo a la esclavitud del sábado.

En una sociedad —la de entonces y la de hoy— en la que lo que primaba era el poder y la gloria, en la que los agasajados y temidos eran los hombres del poder despótico, el profeta de la oscura Nazaret se presenta ostentosamente como «alérgico a cualquier sombra de poder».

En un mundo en el que lo que reina es la inmadurez, la incapacidad para relacionarse, para abrir nuevos tipos de encuentro entre los hombres, en una sociedad en la que la gente tiene miedo del prójimo porque tiene miedo de Dios y se encierra en sus casas y ve al otro más como enemigo que como prójimo, Jesús fue el «revelador de nuevas relaciones humanas».

Por último, en una sociedad en la que la muerte se arrincona porque no está de moda o se banaliza o se teme y, sobre todo, no se entiende ni se acepta, Jesús llega y lanza la gran provocación, la mayor de la historia, la de «cambiar el nombre a la muerte», anunciando que nunca se muere para siempre.

Con estos rasgos es posible por lo menos barruntar algunos flashes de la personalidad psicológica de aquel personaje que, al ser tan diverso incluso de los otros santos y profetas de antes de él, pudo no ser tragado por la historia, consiguiendo, a través de los siglos, incrustarse en cada persona, prescindiendo incluso del elemento religioso, como espejo de la utopía que anida en todo ser humano.

Si hay algo seguro en la personalidad de Jesús es que nunca amó el dolor. No fue un masoquista. Al revés: no lo soportaba. Ni para él —antes de ser detenido pidió a Dios que lo liberase del dolor, pues no se sentía ningún héroe deseoso de derramar su sangre— ni para los demás. Nunca exhortó a alguien que le pedía ser curado de su dolor a que lo soportara con resignación para atraerse la benevolencia de Dios. No. Dicen los evangelios que «curaba a todos». Y no sólo a los judíos, sino incluso a los gentiles, algo blasfemo para un judío, ya que con los que no compartían su fe ni siquieran podían sentarse a la mesa. Eran impuros e indignos de ser tratados y menos curados. Jesús se salta la ley a la torera y ayuda a todos.

Claro que no era un ingenuo y sabía que el hombre difícilmente podrá librarse del dolor. Era buen conocedor de la psicología humana, y entendía que no sólo los dolores externos, sino también los internos perseguirán al hombre hasta la tumba. Nunca habrá medicinas que los curen del todo, aunque la química pueda aliviarlos como un paliativo. Lo sabía. Pero luchaba contra ello. Su idea era que cuanto menos dolor hubiese en el mundo, mejor. Por eso no dejaba a sus discípulos ni ayunar. Nunca fue un asceta, como su predecesor Juan Bautista, aunque sí un desprendido de las cosas, un ser libre, que es otra cosa diferente. Jesús dijo abiertamente: «Lo que yo quiero no son sacrificios, sino misericordia».

Pero no era un cínico que ofrecía felicidades falsas, de cartón. No ofrecía una felicidad barata, a precio de rebajas. Como los buenos psiconalistas sabía que para poder llegar a ciertos remansos de paz y de felicidad, sobre todo interior, es preciso pasar por la dura prueba de la purificación, del desapego a muchas falsas seguridades que nos habíamos creado como escudo y defensa de nuestros miedos.

Todo lo que le rodeaba tenía el sabor de la vida, nunca de la muerte o del dolor. Sus parábolas —que parecen ser una de las cosas más originales de su predicación y posiblemente de las mejor conservadas— estaban cargadas de símbolos de felicidad sencilla, amasada con las cosas de nuestra vida: la vid, la siembra, los pájaros y las plantas, las semillas, la levadura que hace crecer el pan, los animales del campo. Su postura ante la vida era siempre positiva. Fue duro sólo contra quienes despojaban a los hombres de sus pequeñas felicidades, contra quienes usaban a Dios para oprimirles con cargas insoportables e inútiles. Por eso fue alérgico al dolor, porque entendía que ya la vida conlleva tal carga de dolor inevitable por la naturaleza débil y frágil del ser humano, que no debemos crearnos ni infligirnos suplementos de infelicidad.

Curiosamente nunca predicó el heroísmo. Nunca estimuló a sus discípulos a autoinmolarse ni siquiera por una causa justa. La suya no era una mística fascista. Su pasión eran los débiles, los que tropezaban, los pecadores. Amaba todas las fragilidades, quizás como símbolo de lo que posee mayor carga del dolor en el mundo.

Sabía muy bien que si los hombres son sensibles a algo es a la felicidad, precisamente porque la ven lejos, inalcanzable, casi imposible, como una culpa, más difícil a veces de soportar que el dolor mismo. Hoy existe sólo una constitución en el mundo, la norteamericana, que sanciona el «derecho de los ciudadanos a la felicidad». Y para alcanzarla Jesús no presentó fórmulas mágicas o inéditas, sino algo tan antiguo como el mundo: perder el miedo a los dioses y tratar a los demás como nos gustaría ser tratados por ellos.

Que Jesús sabía que la infelicidad procede no sólo de los demonios exteriores del poder, de quienes producen e infligen dolor al hombre, sino también de los demonios interiores, de la esclavitud del inconsciente, de las oscuridades que llevamos dentro y no conseguimos o tenemos miedo de iluminar, lo demuestra el hecho de su insistencia para que el hombre no acumule motivos de desesperación, de angustia, de deseos inalcanzables. Por eso predicaba la sencillez de vida, el desapego a las cosas, el saber vivir libres y confiados como los pájaros del cielo. Ésa era su receta.

Una receta sencilla y por eso difícil de realizar como las grandes recetas de cocina, que cuanto más simples, más difícil es conseguirles el punto. Difícil porque supone una disposición de alma diferente; una mirada distinta hacia el prójimo y el saber renunciar a muchas seguridades interiores a las que nos agarramos como el náufrago a la tabla de salvación.

Precisamente en el evangelio se relata un episodio que ha sido muy estudiado por los psicoanalistas. Se cuenta que Jesús llegó al pueblo de Gerasa, donde un hombre vivía como un monstruo, encadenado a las puertas del cementerio. Estaba poseído por varios demonios. Los habitantes pidieron al profeta que lo liberara. Y Jesús lo hizo. Pero aquellos campesinos tuvieron que pagar un precio porque Jesús mandó a los demonios de aquel hombre que entraran en una manada de cerdos, los cuales se precipitaron por un barranco, muriendo todos. En ese instante el monstruo recobraba su libertad perdida y volvía entre los suyos curado. ¿Qué hicieron los habitantes de Gerasa? ¿Le dieron las gracias por haber devuelto la libertad a uno de sus hijos? No. Le pidieron que se fuera cuanto antes del pueblo, recriminándole por haberles hecho perder sus cerdos.

Es una especie de parábola con gran trasfondo psicoanalítico. Aquel hombre poseído, esclavo de los demonios, tuvo que pagar un precio para obtener la libertad. Los demonios interiores a todos nos estorban, pero al final nos acostumbramos a vivir con ellos. Y cuando nos los quitan nos quedamos como desnudos, como si hubiésemos perdido algo. Por eso hay tanta gente que prefiere la seguridad de la no-libertad al riesgo de la libertad. Estar dispuestos a despojarnos de la riqueza que aquellos cerdos de Gerasa simbolizaban, del lujo, de la seguridad que da el orden, de la certeza de los dogmas, etc., no siempre es fácil. Lo saben muy bien todos los psicólogos que analizan la compleja psique humana.

Ahora bien, es evidente que la felicidad que el programa de Jesús proponía, aunque era una receta fácil, contaba con ingredientes difíciles de manejar, como la sabiduría de no querer vivir por encima de tus posibilidades y menos a costa de la infelicidad de los otros; la clarividencia de que para que se ilumine con alegría nuestra casa interior es necesario antes pasar por la ceguera que produce el humo cuando está quemando el tronco de madera antes de convertirse en fuego. Y que, al final, la felicidad no consiste en poseer mucho, sino en no desear más de lo que eres capaz de saborear en paz y en armonía compartiéndolo con los demás.

EL PROFETA DE LO IMPOSIBLE

El famoso movimiento juvenil del sesenta y ocho tuvo una intuición feliz al escribir sobre los muros de la Sorbona de París el eslogan: «Sed razonables, pedid lo imposible». El profeta de Nazaret ya se había anticipado hacía dos mil años cuando decía: «Si tuvieseis fe como un grano de mostaza podríais decir a este monte: muévete de aquí a allá y se movería y nada os sería imposible». De ahí el que Jesús haya sido apellidado «el profeta de lo imposible». Sus mismos milagros nunca los presentó como algo extraordinario, sino como formando parte de la economía de Dios, que escucha las plegarias sencillas y angustiadas de sus hijos.

Alcanzar lo imposible fue siempre una tarea de los hombres, aunque en la sociedad del orden y del conformismo se prefiere lo posible, lo obvio, lo que no crea problemas, más que los abismos de lo imposible, que nos acercan al misterio de la divinidad. En la obra teatral *Calígula*, de Albert Camus, el joven emperador dice a su amigo Elicone: «Yo no estoy loco; nunca he sido tan razonable como hoy, pero de repente he sentido la necesidad imperiosa de cosas imposibles». Y añade: «Este mundo, como es, es insoportable. Yo necesito la felicidad o la inmortalidad, algo loco que no pertenezca a este mundo».

Como siempre, la literatura, el teatro, la poesía son el mejor espejo de los deseos más secretos e insondables del ser humano. Una característica de este ser humano frágil, que apenas nace en este planeta lanza un grito de espanto y de miedo, es que tiene que ajustar las cuentas con una insatisfacción de fondo que siempre le acompañará por los senderos de su vida: la insatisfacción de desear más de lo que puede conseguir, los deseos de Calígula de la imposible felicidad y eternidad. El joven emperador sabía que estaba loco pidiendo la eternidad, es decir, lo imposible. Jesús, al revés, sabía que los hombres no necesitan estar locos para desear lo imposible porque ese deseo nace con ellos. Es como un aguijón que estimulará a las personas a no conformarse con la mediocridad, con el orden fácil y seguro, y a buscar el vértigo de lo imposible, de lo eterno, de lo que se resiste a morir, de esa felicidad imposible, pero que al mismo tiempo el hombre es el único ser capaz de imaginarla. ¿Por qué será?

Una diferencia fundamental entre la personalidad de Jesús y la de los otros religiosos de su tiempo es que él no achacaba a la omnipotencia de los dioses el que los hombres pudieran alcanzar la felicidad o lo imposible. No eran los dioses quienes movían las riendas del mundo, sino la fe personal de cada individuo en la fuerza interior de ese santuario donde habita el dios escondido y silencioso. En las manos del hombre estaba el destino del mundo. Dios no abandonaba al hombre; le pedía sólo que no le temiera y que confiase en sus propias fuerzas, siendo como es un ser libre y no un robot maniobrado desde las alturas.

Así como los jóvenes del sesenta y ocho pedían lo imposible, es decir, que «la imaginación subiera al poder», para que pudieran gobernar el mundo no los burócratas, los afirmados, los que tienen miedo a perder los privilegios, los que viven de la explotación del prójimo, sino los quijotes, los artistas, los poetas, los inconformistas, los que no tienen nada que perder, así Jesús, con sus bienaventuranzas, pedía algo muy parecido: que los pobres, los hambrientos, los perseguidos, los que lloran, los humillados, los leprosos, los locos, los sin poder fueran quienes crearan el nuevo reino, donde la felicidad no fuera un lujo de pocos, sino el pan de cada día colocado en todas las mesas del mundo.

Una importante revelación hecha por Jesús fue que el Dios que él predicaba tenía una rara y extraña predilección que iba en dirección opuesta a las predilecciones del mundo, porque él amaba todo lo frágil, lo débil, lo que no tenía valor, lo atenazado por el dolor. Y ése era un gran desafío y la constatación de que es posible alcanzar lo imposible, pues nada más imposible, en un mundo en el que sólo los dioses y los poderosos pueden permitirse el lujo de hacer milagros y de ser felices, que anunciar que, por el contrario, van a ser esos últimos y despreciados de la tierra quienes van a entender mejor que nadie lo que son ciertas felicidades inalcanzables a los que creen que todo lo poseen y todo lo pueden.

Creer en lo imposible, como hacía el profeta de Nazaret, es alejar del mundo las tentaciones colectivas de suicidio y de desesperación; es creer que nunca está todo perdido, que el árbol más seco puede reflorecer, que de las ruinas más grandes de la historia, de las oscuridades más terribles de los campos de exterminio, puede nacer algo nuevo e inédito, incomprensible, pero real. Algo tan difícil que el mismo Jesús tuvo que pagar un duro precio al sufrir en su piel la tentación de la desesperación y del fracaso cuando, al morir en la cruz como un fracasado más de la historia, se pregunta sorprendido y doliente por qué su Dios lo había abandonado si él había creído en la locura de convencer a los hombres que es posible ser felices sin que sea al precio de la infelicidad de los demás.

EL ARTISTA DEL HOMBRE

«Yo estoy hecho de un modo terrible y maravilloso», se lee en uno de los salmos de la Biblia, el libro que mejor ha entrado en todos en los abismos del misterio del hombre. Ese verso del salmista fue una anticipación de lo que el judío Freud descubriría siglos más tarde al ahondar en las profundidades del subconsciente, es decir, que en el hombre luchan juntas dos grandes pulsiones, dos grandes instintos: el de vida y el de muerte, con los que el hombre tiene que hacer las cuentas. Que es como decir que en el pozo del hombre existe, como afirma el salmo, lo más maravilloso y lo más terrible de la personalidad humana.

A Bertrand Rusell lo atormentaba el hecho de que el hombre «lleva dentro de sí mismo su condena, la de ser capaz de renegarse a sí mismo». Y toda la literatura del mundo no es otra cosa que un esfuerzo por analizar los entresijos del ser humano con sus grandezas y sus bajezas, sus chispas de divinidad y sus sombras demoníacas. El periodista y escritor italiano Sergio Závoli escribió: «La humanidad se despierta cada día en nombre del hombre, y es en este momento en el que el valor sagrado que el hombre está descubriendo es el hombre mismo».

Se ha dicho que el hombre es la medida de todas las cosas. Las Iglesias han dedicado buena parte de su tiempo a estudiar quién es Dios en vez de analizar quién es el hombre, que es la realidad que tenemos entre las manos y sólo a través de ella podremos, si acaso, imaginar el rostro posible de lo divino y no al revés.

Y éste es otro de los rasgos característicos de la personalidad psicológica de Jesús de Nazaret. Por eso se le ha llamado el «artista del hombre». Porque él se presentó al mundo no como Dios —nunca hizo tal afirmación—, sino como algo tan sencillo y elemental como «hijo del hombre», que en arameo significaba sencillamente «hombre». Jesús tomó esa definición del profeta Daniel, pero los judíos de su tiempo la habían olvidado. De hecho, cuando se presenta con ese título se preguntan: «¿Quién es este hijo del hombre?», señal de que no lo habían entendido. En verdad en Daniel aquella expresión se refería más bien a un pueblo que tenía que venir. Pero también el profeta Enoch habla del «hijo del hombre», refiriéndose a un personaje ya preexistente.

Los exegetas han discutido mucho sobre el sentido que Jesús quiso dar a aquel título de «hijo del hombre» tomándolo de las viejas Escrituras. Lo cierto es que a los apóstoles o no les gustó o no lo entendieron, pues nunca lo llaman así, ni tampoco las primeras comunidades cristianas, que lo substituyeron por «Hijo de Dios». Y, sin embargo, es el nombre que más veces usa Jesús para definirse a sí mismo, lo que significa que es el que más le gustaba. De hecho, cuando Jesús, curioso de saber cómo lo veían sus discípulos, les pregunta: «¿Quién decís vosotros que soy yo?», Pedro no le responde que es el «hijo del hombre», sino «el Hijo del Dios viviente».

Diógenes paseaba con una linterna buscando a un hombre y no lo encontró. Siempre ha sido difícil encontrar a un verdadero hombre en el reino de los hombres. Curiosamente la primera vez que a Jesús le llaman «hombre» es durante el proceso que lo llevó a la muerte cuando Pilatos lo presenta ante la muchedumbre diciendo «Ecce homo», «he aquí el hombre». Era un hombre demacrado, torturado, humillado, sin poder, condenado a muerte, símbolo de tantos hombres que en la historia vieron reducida su dignidad a una piltrafa humana.

Pero Jesús no fue un Dios del Olimpo, por encima de los hombres. Lo que siempre le acercó a la humanidad, sobre todo a la doliente, fue el que nunca se avergonzó de ser lo que todos somos: un proyecto incabado de humanidad, un fajo de deseos inalcanzables, una sed imposible de infinito y una terrible capacidad de producir felicidad o infelicidad.

EL NIÑO COMO LA GRAN OBRA DE ARTE

Había en el profeta de Nazaret una debilidad innata por los niños, a quienes eleva, como ya había hecho con la mujer, a metáfora de su nuevo reino, al modo nuevo de relacionarse con las cosas y las personas. A los discípulos que estaban entre curiosos y preocupados por saber qué tipo de reino iba a ser aquél del que tanto hablaba el profeta, Jesús, para desconcertarles aún más, les dice que quienes quieran entrar en él deberán «hacerse como niños».

Y en otra ocasión en que los niños se sienten atraídos por aquel curioso y estrafalario profeta de mirada dulce y terrible al mismo tiempo, cuando los discípulos intentan echárselos de encima como a moscas molestas, Jesús se lo reprocha y permite que los niños se sienten en sus rodillas. Y en su coloquio nocturno con el intelectual Nicodemo, que también sentía curiosidad por la enseñanza del nuevo profeta, le viene a decir que tiene que volver a hacerse niño, pues le exhorta a entrar otra vez en el vientre de su madre y volver a nacer.

Claro que esa predilección por el mundo de los niños no era para Jesús gratuita ni una licencia poética, ni siquiera un gusto personal. Era mucho más. Tenía un valor emblemático. Para entenderlo hay que recordar que, mientras hoy el niño es en nuestra sociedad sujeto de derechos, considerado persona humana a todos los efectos, con la misma dignidad que el adulto, no era así en tiempos de Jesús. En Palestina y en todo el Oriente el niño, como la mujer, era poco más que un objeto. Y aunque entre los judíos concretamente no estaba permitido el infanticidio, sí lo estaba en los otros pueblos de alrededor. En Atenas y Roma un niño no tenía derecho a la vida hasta que el padre no lo legitimaba. El padre podía siempre eliminarlo. Platón, el gran poeta y filósofo, defendía que había que hacer morir a los niños que nacían de familias pobres. Aristóteles, el padre de la filosofía occidental, el gran inspirador de Santo Tomás, sostenía que había que quitarles los alimentos a los niños que nacían deformes. En Roma existe aún la famosa roca, al lado del Campidoglio, desde donde los padres arrojaban a los niños nacidos con algún defecto físico.

Dentro mismo del judaísmo, los niños estaban excluidos de todo: del Templo, de la sinagoga, de la comunidad. Y aún hoy los niños, tanto en el primer como en el tercer mundo, siguen siendo objeto de increíble violencia, y a pesar de las leyes que los protegen siguen en la práctica siendo consideradas personas de segundo orden, incompletos, que lo úni-

272

co que tienen que hacer es obedecer a los mayores. Se les considera, además, poseídos por un egoísmo natural que les impide ser generosos y altruistas.

Pues bien, llega Jesús y no sólo defiende a los niños, los grandes excluidos y maltratados, sino que afirma con escándalo que son los preferidos por Dios; que a quien les cause escándalo más le valdría suicidarse atándose una rueda de molino al cuello y echándose al mar. Y, sobre todo, afirma que si los adultos no se vuelven como niños, no podrán entender a Dios. ¿Por qué lo hizo? Nunca lo explicó, pero algo tenía que ver en la realidad concreta de un niño para poder identificarlo con el paradigma del hombre liberado, del ideal humano.

Quizás el profeta intuyó que en el corazón del niño se hallan realidades y matices humanos primigenios, más tarde ofuscados por la madurez y el cinismo adultos, al igual que el artista o el poeta descubre en un paisaje sensaciones y tonalidades de colores que los otros no ven. Sin duda, en Jesús todo aparecía radical, escandaloso, contradictorio, a contracorriente de la cultura de su tiempo. La predilección de Jesús por los niños chocó al judío Karl Marx, poco sospechoso de simpatías por el cristianismo, cuya hija Eleonor, la predilecta, escribe: «Recuerdo que mi padre me contó la historia del carpintero de Nazaret, que fue crucificado por los poderosos. Mi padre decía que podemos perdonarle mucho al cristianismo porque nos enseñó a amar a los niños». La verdad es que más que el cristianismo quien enseñó a amar a los niños y a respetarles y admirarles fue Jesús. La Iglesia hizo sufrir

273

a millones de madres cuyos hijos murieron antes de poder bautizarles con aquel invento del limbo de los niños, impedidos de gozar del cielo, que gracias a Dios —pero sólo después de siglos— ha acabado eliminado del nuevo catecismo universal aprobado después del Concilio Vaticano II.

Pienso que la predilección de Jesús por los niños hay que encuadrarla en su predilección general por todo lo frágil y despreciado por la sociedad. Con la añadidura de que en ciertos aspectos de la niñez el profeta veía como anticipada, como ante un espejo, alguna de las características de las nuevas relaciones que quería establecer entre los hombres. Veía, por ejemplo, como un niño carece, naturalmente, de nuestros miedos adultos. Los niños tienen sólo los miedos que nosotros les infundimos. Un niño no tendría miedo de coger una víbora en su mano. No teme a las fieras. No vive viendo peligros en todo. No tiene miedo de Dios. Teme sólo perder el amor, la seguridad de sus padres, de quienes le aman. Y eso es lo que Jesús quería para su nuevo reino, que nos asustemos sólo de no ser amados.

Pero hay más. Para el niño no existe la acepción de personas, las clases sociales. Para un niño todos los niños son iguales e interesantes porque puede jugar con ellos. Le da igual que sea hijo de un rico o de un pobre, de un rey o de un campesino. Cuando un niño encuentra a otro niño en la calle lo primero que hace es preguntarle si quiere jugar, no si es rico o pobre. Ni siquiera el hablar otra lengua le atemoriza. Se entienden sin hablar. Los niños no tienen miedo de los niños.

A los cristianos se les llena a veces la boca diciendo que Dios lo ha creado todo para todos, que todo está al servicio de todos. Pero después la Iglesia defiende con fuerza la propiedad privada y nadie quiere poner a disposición de los otros lo que tiene. Incluso las primeras comunidades cristianas que habían empezado poniendo los bienes en común tuvieron que acabar rindiéndose a la evidencia de que cada uno es celoso de lo que posee.

Para los niños es diferente. Ellos quieren sólo el uso de las cosas, no la propiedad. Por eso les parece normal adueñarse del juguete del amigo. No entienden por qué no pueden jugar con él. Y cuando el niño ha jugado abandona el juguete, ya no le sirve. No tiene, como los adultos, el sentido de la propiedad. Son los padres quienes le dicen que tiene que conservar las cosas, no romperlas ni darlas, ni prestarlas para «no perderlas».

¿Cómo sería la sociedad si los adultos fueran capaces de comportarse como los niños, con esa libertad de espíritu? Sin duda sería una sociedad paradójicamente más adulta que la actual, porque los adultos suelen comportarse, al revés, siguiendo los defectos de los niños, esos que copian enseguida de los adultos, que somos caprichosos, posesivos, egoístas, desconfiados, acumuladores e individualistas. Adultos que ya no sabemos jugar si no es a la bolsa o a la guerra, o a poner la zancadilla al prójimo.

Cuando el escritor Paulo Coelho, con escándalo de los sabios y adultos, dice que él escribe para despertar al niño que todos llevamos dentro, es decir, a esa parte de inocencia anterior al paraíso perdido que nos hizo horriblemente adultos, está intuyendo una gran verdad: que a todos en el fondo nos gustaría recobrar la sencillez y espontaneidad de los niños, su ausencia de miedos y prejuicios para poder ser menos complicados y más capaces de ser felices sabiendo jugar con un simple hilo de hierba.

JESÚS, REVELADOR DE NUEVAS RELACIONES HUMANAS

Hay psicólogos que piensan que la humanidad, en su media, no ha superado la edad de un adolescente en cuanto a madurez psicológica. Jung decía: «Hasta ahora el hombre ha luchado sólo para sobrevivir; vivimos apenas en los albores de la conciencia». Y si eso es hoy así, podemos imaginar cómo era hace dos mil años, cuando vivía el profeta de Nazaret. Aunque en ese campo las cosas no han cambiado excesivamente. Baste pensar que seguimos con el absurdo de las guerras en el corazón mismo de la vieja y civilizada Europa; con la violencia y los atropellos a los derechos más elementales de las personas.

Y a pesar de los avances de la ciencia, de la biología, de la informática con sus facilidades para una comunicación en tiempo real con las personas, en el mundo de los sentimientos, de las relaciones de amor y de amistad, en el sexo, la humanidad vive aún anclada en el pasado, en una edad casi adolescente.

En mi libro de conversaciones con Fernando Savater (*El arte de vivir*), el filósofo comenta que si un individuo que vivió hace cinco siglos volviera de repente a una de nuestras casas de la ciudad, no sabría cómo moverse. Se asustaría con los interruptores de la luz, con el teléfono, con los grifos del agua corriente, con todo. Pero si lo sentamos delante de un televisor para ver una telenovela, entendería todo, porque en las relaciones humanas poco o nada ha cambiado. Todo sigue siendo primitivo, arcaico. Los mismos celos, las mismas traiciones, las mismas intrigas, los mismos sufrimientos por no saber amar, los mismos dramas existenciales y de familia.

De ahí el que exista una especie de esquizofrenia en los hombres de hoy, que, por un lado, están conquistando los astros, penetrando en las entrañas del genoma, escudriñando los abismos más insondables de la tecnología, y, al mismo tiempo, ven crecer el interés por lo irracional, por la magia, por lo invisible, por lo parapsicológico, por lo esotérico. El hombre está consiguiendo dominar las fuerzas más terribles de la naturaleza, empezando por la energía atómica; está consiguiendo una velocidad mayor que la luz, pero no sabe aún tener una relación sexual pacífica o una amistad duradera. No sabe entender los impulsos que le llegan del subconsciente. Las relaciones humanas siguen neurotizadas.

Se lucha toda una vida por conseguir el éxito, la riqueza, el reconocimiento de los demás, el estatus social, el prestigio profesional, y cuando llega la noche y uno se encierra en casa y apaga las luces para dormir no sabe para qué sirve en realidad tanto afán por las cosas si no se tiene tiempo para vivirlas. Y a nuestro lado los hijos, la mujer, los amigos, se esfuerzan en vano por crear un mundo de relaciones más vivibles, más intensas, para no resbalar simplemente por la vida como autómatas que no sabemos por qué nos movemos tanto.

El hombre, que se siente tan fuerte y seguro en la búsqueda del éxito, después tiene miedo de establecer una amistad porque le compromete; no se fía de abrirse a los otros porque los ve como enemigos y competidores potenciales. No confía a nadie sus sentimientos porque tiene miedo de aparecer como es, frágil, con dudas, inseguro, sin respuestas para tantos problemas existenciales.

Sólo los poetas han entendido en cada momento histórico la fuerza de las relaciones humanas basadas en la amistad y no en la competitividad. Alexander O'Neil describía así la amistad:

> Una mirada limpia,
> un corazón pulsando en nuestra mano.
> Amigo es el error corregido, no perseguido;
> es la verdad condividida
> la soledad derrotada.
> Amigo es una gran empresa,
> un trabajo sin fin,
> un espacio útil, un tiempo fértil.
> Amigo será una gran fiesta. Ya lo es.

Estudiando la psicología del personaje del profeta de Nazaret se tiene la impresión de que poseía una gran lucidez sobre este desequilibrio entre el hombre que domina la naturaleza y la pobreza en sus relaciones con los demás. Hasta el punto que una buena parte de la doctrina sobre el nuevo reino que anunciaba iba dirigida a este mundo de las relaciones. Un mundo en el que Jesús viene a dar un revolcón a las cosas, a mudar los criterios y los valores de la sociedad.

Hay un episodio emblemático de cómo Jesús veía el mundo de las relaciones no basado en lo que es aparente, en la belleza o en la riqueza, sino en algo más interno y profundo. Un día se encuentra con una delegación de griegos. El profeta sabía muy bien que en aquel tiempo los griegos rendían culto al cuerpo, a la belleza como tal. Bastaría visitar hoy el museo de la Acrópolis en Atenas para poder admirar el derroche de belleza corporal en aquellas esculturas griegas. Los griegos tenían curiosidad por conocer a aquel profeta extraño del que seguramente habían oído hablar.

Jesús, con su fina ironía, típica del alma judía, les cuenta una parábola que debió sonarles a provocación. Les dijo que el hombre es como un simple grano de trigo, pequeño, insignificante, casi invisible, y que hay que sepultarlo en la tierra, donde sólo después de haberse podrido dará fruto. O sea, que la vida procedía de una purificación, de una podredumbre, no de una exaltación de belleza. Para los griegos la divinidad era impasible ante las pasiones de los hombres, mientras que Jesús predicaba al Dios de la humanidad doliente. Las divinidades griegas privilegiaban a los hombres, cuyos cuerpos eran perfectos. No soportaban las imperfecciones corporales. Todo lo contrario del Dios de Jesús, que tenía preferencia por todo lo débil y frágil. Y en esto se parecía a los niños, que para jugar, para relacionarse, no se fijan en los valores externos o estéticos, sino en la capacidad de comunicabilidad, en la simpatía personal, en el cariño, importándole poco que el otro sea guapo o feo, fuerte o débil.

JESÚS, ALÉRGICO AL PODER

Uno de los grandes errores de la Iglesia Católica fue el no haber querido entender que un rasgo fundamental de la personalidad de Jesús de Nazaret, a quien considera su fundador, es que fue siempre un hombre alérgico al poder. Por eso se ha dicho que el cristianismo, en su esencia, es la religión que más claramente ha presentado a un Dios que «prefiere a los pobres y humildes» más que a los poderosos y acomodados. Y Jesús nunca escondió su disgusto por el poder, a quien hacía culpable de las injusticias que atenazaban a los más desvalidos.

Fue alérgico a todos los poderes: al político y al religioso. Era también contrario a toda interpretación estrecha de la ley. Como no era un ingenuo sabía muy bien que la sociedad sin leyes cae en el caos. Pero no comulgaba con un poder que usaba la ley para encadenar a sus súbditos.

Nunca quiso interferir en los poderes políticos. A quien le tentó un día para que dijera que no había que pagar tributos al emperador le respondió con la famosa frase que había que «dar a Dios lo que es de Dios y al César lo que es de César». Pero no dudó un segundo en calificar de «lobos con piel de ovejas», de «raza de víboras» y de «sepulcros blanqueados» a quienes usaban el poder para sus propios intereses, haciendo recaer su peso sobre los más indefensos.

Y fue ese rasgo de su personalidad lo que ha hecho siempre que Jesús fuera amado o por lo menos respetado por todos los movimientos de base de la historia, por todos los movimientos revolucionarios y por todos los parias. Su historial, por lo que se refiere a sus relaciones con el poder temporal, fue siempre claro y limpio, sin diplomacias ni ambigüedades.

Se ha dicho de Jesús que con su gesto de querer lavar los pies a sus discípulos el jueves antes de ser crucificado —un gesto que ha ido perdiendo su fuerza inicial a lo largo de los siglos dentro de la Iglesia— dio un revolcón al concepto tradicional de poder. Con aquel gesto, inédito hasta entonces, el profeta quiso decir a sus discípulos que en su nuevo reino quien se considerase más importante y poderoso debería empezar por servir a los de abajo. Era un cambio radical en una sociedad en la que los esclavos servían a los que tenían propiedades y poder, y en la que siempre los inferiores tenían que estar al servicio de los de arriba.

Entre los cientos de milagros que Jesús realizó durante su vida no existe ni uno sólo para complacer a un poderoso. En él quedó patente la diferencia entre poder y autoridad. Como es sabido, el poder se impone por la fuerza, o con las leyes, con las armas y con las guerras. La autoridad, al revés, se conquista, no se impone. Es el poder que los otros reconocen a quien lo consideran con autoridad para hablar o decidir. Es como una fuerza que nace de la persona. Por eso el poder vence, pero no convence. La autoridad, al revés, convence y no necesita vencer.

Los parámetros para ejercer el poder, en esa visión del profeta judío, eran diferentes de los del poder mundano. Al final posee mayor autoridad sobre los demás quien más los ama y quien mejor sabe demostrárselo. No es un poder que viene desde fuera, sino desde dentro. Cuando a Pedro le encomienda que sea el hermano mayor de los otros apóstoles en los momentos de crisis, no le pregunta si es quien tiene más poder o es más listo —no lo era—, o más santo —tampoco lo era, pues le había negado cobardemente la noche de la pasión—, sino si es quien más le ama.

Uno de la muchedumbre que escuchaba a Jesús gritó un día: «Habla como quien tiene autoridad». Era la fuerza de su palabra la que tenía poder, hasta de curar. Es la autoridad que le reconocían las muchedumbres, pues Jesús ni era sacerdote, ni escriba, ni hombre de la institución religiosa. Ni era rico ni de familia importante, como, por ejemplo, lo era Buda. Era hijo de un pobre trabajador manual nacido en la oscura aldea de Nazaret.

Pero con ser alérgico al poder nunca se enfrentó cara a cara con él. Su forma de contestar al poder que oprime era su predilección por los más pobres y humildes. Y aquélla era su mayor revolución. No le fue fácil hacerlo entender ni a sus discípulos

ni a la gente que lo seguía, quienes hubiesen querido que, además de autoridad, tuviese también poder. Por eso quisieron coronarlo rey, a lo que él se
opuso escapando.

Solía decirles que el poder de este mundo necesita de ejércitos, de riqueza y de prestigio para poder mantenerse en pie. El suyo no. Le bastaba la
fuerza con la que amaba y abrazaba la debilidad del
mundo. Era su único poder.

A los poderes religiosos de su tiempo, sobre todo a los escribas, que se creían en posesión de la verdad y querían imponerla por la fuerza a los demás
con leyes que ni ellos cumplían, Jesús los llamaba
«guías de ciegos», que acaban cayendo en el pozo.
Y cuando ellos le respondían: «Hablando así nos
estás ofendiendo», les contestaba que ellos se habían adueñado de las llaves de la sabiduría, y que no
sólo no eran capaces ellos de entrar, sino que im-
pedían entrar también a los demás. Nunca fue tierno ni manso con los detentadores del poder.

Siendo eso verdad, no cabe duda de que la Iglesia, con sus halagos a todos los poderes de la tierra,
a lo largo de los siglos, se ha ido quedando muy lejos del mensaje original, duro, claro, abiertamente
a favor de los humillados, que perteneció a la esencia del mensaje original del profeta judío.

Jesús cambió el nombre a la muerte

La muerte es nuestra suprema condena. Es el
acto más democrático de la historia porque alcan-

za a todos sin distinción. Y un día la ciencia podrá alargar la vida del hombre, pero no conseguirá destruir a la muerte. Y, sin embargo, esa hora suprema, la hora de la verdad y de la inmensa soledad, sigue siendo el gran interrogante del mundo. ¿Por qué el hombre tiene que morir si es el único animal capaz de concebir la eternidad?

En la historia de Jesús de Nazaret y en la del cristianismo existe la gran locura de la resurrección de los cuerpos, difícil de encontrar en ninguna otra religión. Sobre todo la resurrección concebida en el sentido del dogma católico según el cual volveremos a encontrarnos con nuestros mismos cuerpos, aunque en estado glorioso, sin defectos, ni enfermedades, ni muerte.

Es verdad históricamente que los primeros discípulos de Jesús, amedrentados al verle morir en la cruz como a un malhechor cualquiera, huyeron y se escondieron temiendo seguir su camino, y sólo cuando tuvieron la certeza de que había resucitado y seguía vivo es cuando empezaron a creer en él, a anunciarlo y dar la vida cruentamente por defender aquella verdad. Y, sin embargo, es la única parte de los hechos presentados por los evangelistas que sólo es posible creer por fe, ya que ahí la ciencia no puede intervenir. Entramos en el reino del misterio.

Sin duda, sobre el dogma de la resurrección de los muertos y sobre la posible resurrección de Jesús no siempre la teología católica estuvo de acuerdo. Los teólogos más liberales y progresistas, como Hans Kung, sin negar que a los apóstoles «algo tuvo que pasarles» después de la muerte de Jesús, para acabar tan transformados, encuentran dificultades para admitir el hecho de la resurrección en su versión literal. Algo parecido a lo que acontece con otros dogmas, como el de la virginidad de María o el de la transubstanciación del pan y el vino en el cuerpo y la sangre de Jesús.

La interpretación más moderna de la resurrección es que Jesús, su persona y no sólo su mensaje, de alguna manera ha quedado presente y viva en la historia, y que de esa presencia se ha alimentado siempre el cristianismo, que nunca consideró a Jesús como un muerto, sino como un resucitado a la vida tras su muerte de cruz. Porque el argumento de que nadie encontró su cadáver es muy pobre y la misma Iglesia ha preferido no usarlo ante el temor de que un día la arqueología pudiera hallar sus restos mortales.

De cualquier modo, creo que lo importante en la historia del profeta de Nazaret es que dejó al mundo un sentido nuevo para la muerte: la convicción de que la muerte no es algo definitivo y sin vuelta atrás. Jesús tuvo la valentía o la locura de cambiar el nombre a la muerte. Para él el hombre nunca muere para siempre. Los hijos del Dios que él anunciaba están llamados a vencer la muerte, a darle un sentido tal a la vida que la muerte forma sólo parte de un viaje, de un pasaje, de un tránsito hacia una nueva luz, se interprete de la forma que se quiera.

Jesús llegó a decir: «En verdad quien entienda mis palabras no volverá a morir». Era una metáfora para indicar que quien entra en esa nueva dimensión de relaciones humanas que él anunciaba mira a la muerte con otros ojos. Lo que le importa no es ya la muerte, sino la vida. Es verdad que quien le escuchaba no lo entendía así. Lo tomaron al pie de la letra y se escandalizaron: «¿Quién crees que eres? Hasta nuestro padre Abrahám murió». Y tomaron piedras para apedrearlo.

Para Feuerbach la resurrección de Jesús no era otra cosa que «el apego de la aspiración humana por adquirir una certidumbre inmediata de la propia inmortalidad». Y es posible. Pero la pregunta es: ¿por qué existe esa aspiración humana? ¿Es posible que si el ser humano nace con ese deseo profundo de eternidad acabe siendo uno de los seres con una vida más breve sobre la tierra?

El filósofo Savater afirma que «existe la cultura porque existe la muerte». Ya que los hombres saben que tienen que morir y desean al mismo tiempo no morir, sino perpetuarse, construyen huellas de sí mismos para dejarlas a la posteridad. Es otra forma de decir que al hombre le gustaría no morir, y que, sabiendo que no le es posible, se consuela construyendo arte y cultura para darse la ilusión de inmortalidad.

Sin duda, es un problema que los hombres nunca podrán resolver. De la otra vida nadie ha vuelto para asegurar a los mortales que se sigue viviendo, a pesar de todo el esfuerzo del espiritismo para conectarse con los muertos. Y la resurrección cristiana es sólo un tema de fe. Sin embargo, es cierto que Jesús, que era un gran conocedor del alma humana, de los deseos más profundos de los hombres, intuyó que no puede existir felicidad verdadera si el hombre no da algún tipo de respuesta a la gran incógnita de la muerte, a esa sentencia capital con la que nace.

Porque si la felicidad pasa más que por los senderos del poder y de la riqueza, por los del amor y de las relaciones entre las personas, entonces es cierto que el amor exige el ingrediente de la eternidad, por lo menos en los deseos. Basta observar cómo el lenguaje humano usado en las intimidades del amor está cuajado de palabras de eternidad. Nadie quiere que muera lo que ama; nadie se imagina que pueda acabar algo que lo ha llevado a las estrellas de la felicidad. Para cada amante, el compañero es eterno.

Lo mismo habría que decir de los seres queridos. Nadie admite que hayan desaparecido para siempre. Por eso soñamos con ellos, sentimos a veces su presencia casi tangible; les hablamos y hasta les pedimos que nos ayuden. Sabemos racionalmente que ya no existen, que son sólo un puñado de polvo, que sólo nos queda de ellos la memoria. Pero no nos basta. Necesitamos engañarnos sintiéndolos vivos. Y eso sirve para todos, para creyentes y para agnósticos. Forma parte de la psicología humana más profunda. No nos resignamos a que los que un día amamos y nos amaron hayan dejado de existir para siempre.

Ésa fue la gran intuición de Jesús, su gran locura, el haber entendido que los hombres, aun teniendo que morir, no querrían hacerlo, y que dentro de ellos alguien, algún dios misterioso y sin nombre, ha colocado ese germen, no sé si bendito o maldito, de un deseo inapagable de lo eterno y lo inmortal.

Quizás llevaba Jesús razón cuando decía que eso sólo los niños lo pueden entender. Que sólo un niño o quien no haya perdido del todo la inocencia es capaz de ver con normalidad que de la muerte se puede salir. Recuerdo a este propósito una anécdota con la que deseo acabar este libro. Pasaba yo en Roma en coche al lado de un cementerio. Iba conmigo un niño de cinco años, hijo de un compañero periodista. Como tantos niños de ciudad nunca había visto un cementerio. Me preguntó: «¿Qué es eso?». Le expliqué que allí reposaban los cuerpos de los que ya habían muerto. Se quedó pensando unos segundos y preguntó: «¿Entonces ya no están vivos?». Le dije que no, que para ellos ya se había acabado la vida. El niño, sin mostrar señales de malestar, volvió a pensar otros segundos y dijo: «Ah, pero después viene mi padre y los levanta a todos». Aquel niño no hubiese tirado piedras contra Jesús, considerándolo loco si le hubiese dicho que un día su Padre, que es bueno y poderoso, como lo son todos los padres para un niño, «levantará de la tumba» a todos los muertos que hayan apostado por la vida y no por la muerte.

Nota final

El lector que haya llegado hasta el final de este viaje periodístico al desconocido planeta de Jesús de Nazaret habrá tenido, junto a tantos interrogantes, una clara certeza: que lo poco que conocemos del personaje es suficiente para saber que en casi nada se parece a las imágenes y caricaturas que de él se hacen hoy en no pocas Iglesias que se inspiran en su mensaje.

He visto escrito el nombre de Jesús, con caracteres cubitales, en la trasera de un camión que circulaba por las carreteras de Brasil cargado de cerdos. ¿Para qué? He visto escrito en rojo y negro «Jesús te ama» en la puerta de un templo de la secta de los Evangélicos, que reúne sobre todo a gente pobre de las favelas de Río de Janeiro, a quienes sus sacerdotes les prohíben beberse una cerveza y les obligan a desprenderse del diez por ciento de su miserable salario base de ochenta dólares mensuales cuando consiguen trabajo.

Jesús ha sido y sigue siendo un fácil comodín para cubrir injusticias y miserias inconfesables, para defender el orden constituido de regímenes dictatoriales. Lo usa hasta la Iglesia Católica y su Congregación de la Fe —triste herencia de la Inquisición— para amordazar la libertad de expresión de los teólogos más comprometidos con el Jesús que anunció nuevos reinos de libertad y de misericordia.

Pronunciamos el nombre de Jesús hasta para estornudar. Sin duda, si él se diera hoy un paseíto por este planeta no sé si se irritaría o se reiría de lo que en su nombre se ha construido y destruido, y que probablemente tiene muy poco que ver con lo que él gritaba por aquellas aldeas pobres de Palestina, empedradas de mendigos, leprosos y endemoniados. Precisamente los que no creen en él o lo ven sólo como a un profeta que criticó las injusticias del mundo suelen ser a veces quienes más lo respetan, y por eso se escandalizan de ver cómo tantos cristianos banalizan su nombre, su memoria y su mensaje de fraternidad universal.

Es sintomático que Jesús, que aparecía en todo como un radical, apasionado, siempre en contraste con el orden constituido, defensor acérrimo de toda debilidad, haya acabado convirtiéndose, en sus Iglesias, en un elemento conservador, una llamada a la prudencia mundana, un amigo de poderosos y dictadores, a quienes el Vaticano nunca les niega sus bendiciones.

Al incómodo profeta judío de Palestina se le aleja de todo lo que significa aventura, riesgo, creatividad, compasión, amor por el placer y por la vida. Es un Jesús para muertos, para amantes del dolor, para quienes no quieren arriesgar nada. Para la paz burguesa, nunca para la revolución imaginativa. Más para quienes no necesitarían de su consuelo y ayuda que para aquellos a quienes no les queda otra esperanza en la vida que la de un Dios que no les amenace con nuevos castigos, estando como están ya bien zarandeados por la vida.

«Pase que le prestemos también a Jesús a los que la vida les sonríe, ya que Dios no es racista», comentaba, irónico, un teólogo de la liberación; «pero eso de que ellos acaben siendo los preferidos por la Iglesia, mientras la gran caravana de miserables que él más amaba se queden siempre en la antesala de espera, eso es demasiado».

Es curioso que Jesús, que fue lo menos diplomático que existió en la historia, que pedía que se dijera «sí o no», y que cantaba las verdades al lucero del alba, haya acabado inspirando en la Iglesia la más sofisticada de las diplomacias, hasta el punto de que en la Escuela Diplomática Vaticana se enseña a los alumnos a no usar toda una lista de palabras en sus futuros documentos. Una de las normas para estos diplomáticos es que cuando, por ejemplo, tienen que dar una respuesta negativa en nombre del Papa a alguien importante, un cardenal, un obispo o un jefe de Estado, lo hagan usando unas palabras tan ambiguas que nunca aparezcan como un no definitivo para poder un día volverse atrás. Y todo en nombre de Jesús, que tantas veces calificó de hipócritas a quienes tendían a confundir a la gente con sus subterfugios leguleyos.

La personalidad de Jesús, por lo poco que de ella puede vislumbrarse a través de las huellas que de él nos han quedado, puede o no gustar. Puede ser objeto de simpatía y respeto o de rechazo. Pero lo que está claro es que no fue un hombre de dobles intenciones, que caminó siempre diciendo lo que pensaba y sentía, y que quienes mejor lo entendieron fueron los últimos de la sociedad, que intuían que era un curioso profeta que sembraba esperanza entre los más desesperados. Por eso acabó mal.

Sólo en un lugar he visto escrito a grandes letras, con tinta negra, el nombre de Jesús, donde muy probablemente él se hubiera sentido a gusto. Lo vi en una calle de Río escrito en un caja de madera que un niño sin casa llevaba en la mano, con un cepillo viejo y un poco de betún dentro intentando convencer a los transeúntes para que le dejaran limpiar sus zapatos.

No sé quién le habría escrito aquel nombre en su única propiedad. Probablemente el niño ni sabía leer. Pero allí el nombre del profeta judío no quedaba mal. Su nombre se rozaba con el suelo sucio de la calle cada vez que el niño apoyaba su caja para limpiar los zapatos de un cliente. Sin duda, allí Jesús se habrá sentido más a gusto que en las majestuosas pintadas o en los lujosos estandartes de los desfiles triunfales que le han organizado a lo largo y a lo ancho del mundo en estos dos mil años de historia cristiana.

Índice

Biografía

Escritor y periodista, cursó estudios de Teología, Filosofía, Psicología, Lenguas Semíticas y Filología Comparada en la Universidad de Roma. Durante catorce años fue corresponsal del diario *El País* en Italia y en el Vaticano. Con los Papas Pablo VI y Juan Pablo II ha realizado innumerables viajes alrededor del mundo. En la Biblioteca Vaticana descubrió el único códice existente escrito en el dialecto de Jesús de Nazaret, buscado desde hacía siglos.

Es autor de numerosos libros, publicados en más de diez idiomas, entre los que destacan: *El Dios en quien no creo, Savater: El arte de vivir, José Saramago: El amor posible, El Dios del Papa Wojtyla, Un Dios para el 2000*, con poemas de Roseana Murray, y *Las confesiones del peregrino*, basado en conversaciones con Paulo Coelho y cuyos derechos han sido vendidos en dieciséis países.

Su último libro, *Jesús, ese gran desconocido*, ha obtenido un gran éxito de ventas y crítica.

Juan Arias ha sido galardonado con el Premio a la Cultura de la Presidencia del Gobierno y el Premio de Sicilia como mejor corresponsal extranjero. En *El País* fue Defensor del Lector, responsable de las relaciones con las universidades y coordinador del suplemento Babelia. Actualmente, es corresponsal en Brasil de *El País* y miembro del Comité Científico del Instituto Europeo de Diseño.